自分を変える読書術

学歴は学〈習〉歴で超えられる

【大活字版】

堀 紘一

目次

自分を変える読書術　学歴は学〈習〉歴で超えられる

序章　人生を楽しく生きる3つの方法

第1章　学歴より、読書で「学習歴」を作れ

第2章 読書の7つの効用

第3章 ビジネスパーソンが読むべき4つのジャンル

第4章 読書をすると運がよくなる

第5章 今日から始める〈堀式〉読書術

第8章 Q&Aでさらに役立つ読書のコツを学ぶ

Q おすすめの本があったら教えてください。 206

『愛するということ』／『実存主義とは何か?』／『種の起原』／『大空のサムライ』／『失敗の本質』／『武士道』

序章

人生を楽しく生きる3つの方法

人生を楽しく生きる方法１――金持ちに生まれる

人の寿命はずいぶん長くなったが、それでも人生はせいぜい１００年くらいのもの。宇宙は生まれてから１３８億年、地球は生まれてから46億年。人類自体が生まれたのは７００万年前というから、それに比べると１００年なんて瞬《まばた》きするくらいの短い時間にすぎない。

そういう儚《はかな》さ、脆《もろ》さ、悲しさは人生の美しさにもつながると私は思うが、同時に１００年あるかないかわからない一度限りの人生だからこそ、せっかくならば楽しく生きたほうがいい。

では、どうすれば楽しく生きられるのか。私は3通りの方法があると思っている。先に種明かしをしておくと、そのうちのひとつが本書のテーマである「読書」。その話は後まわしにするとして、まずは他の2つについてお伝えすることにしよう。

楽しく生きるひとつの方法は、金持ちの子どもとして生まれること。

私自身はとても残念なことに金持ちの子どもではないが、金持ちの子どもとして生まれた人たちをこれまでたくさん身近で見てきた。

彼らは生まれたときから立派な邸宅に住み、美味しいものを食べ、学校もお金の力で慶應義塾あたりに幼稚舎から入ったりする。そうすると大学を卒業するまでエスカレーター式だから、受験勉強に神経をすり減らす必要もなく天下の慶應義塾大学卒ということになり、世間では一流大卒のエリートとして見なされることになる。

あとで詳しくお伝えするが、私自身は学歴を信じていない。しかし、一般的な認識としてはそうではないから、金持ちの子どもとして生まれて楽に高学歴が手に入るというのは悪いことではない。

世界的に見ると１％の大金持ちが富の99％を独占しているといわれる。金持ちと貧しい人のどちらが多いかというと、圧倒的に貧しい人のほうが多くて、しかも自分で選択できる権利はない。

金持ちとして生まれた人は、それ自体、とてもラッキーなことだと思わなくてはならない。

いまも生まれがその後の人生を決めるイギリス

経済界においても、上場企業の創業者一族がかなりの株式を持っている場合、その親族である二世、三世が経営者としての能力がなくても、後継者として社長の椅子に座る例が多い。

なぜかというと株式を上場するくらいの大きな規模の会社になると、社長が誰であってもあまり関係なく、副社長・専務以下がしっかりしていれば、ある程度は業績が伸びるからだ。

東証一部上場企業である大王製紙の創業家出身の経営者だった男が、カジノで100億円を使い込んで会社に損失を与えた事件があったが、あんなバカな真似さえしないでおとなしくしていてくれたら会社はうまくまわっていただろう。

彼とは個人的に親しかったが、相当有能な人物だったので残念でもある。

ひとつ興味深い話をしよう。生まれが、その後の人生を決める国がいまだにあるという話だ。その最たる例がイギリス。これは大英帝国時代から続く貴族制度の名残りなのだ。

イギリスの一番の名門大学はオックスフォード大学とケンブリッジ大学。世界の大学ランキングの類でも、つねにトップクラスに君臨している。

オックスフォードとケンブリッジは、まとめて〝オックスブリッジ〟と呼ばれるが、オックスブリッジの出身者でないとイギリスの上流階級は相手にしてくれない。

そのオックスブリッジに入るための最短コースと目されている名門パブリックスクールは、たった2校しかない。それは「イートン・カレッジ」と「ハロー・スクール」である。

イートンは１４４０年、ヘンリー6世によって創立され、これまで20人近い英首相を輩出している。ハローは１５７２年、エリザベス１世の勅命によって設立された。ウィンストン・チャーチルの出身校であり、その広大な敷地と石積みの校舎は日本でも人気の映画『ハリー・ポッター』の撮影に使われた。

このイートンとハローの入学試験を受けるためには、貴族階級に生まれ、出生時にたとえば「うちに堀紘一という子どもが生まれたので、12年後に入学試験を受けさせてください」という願書を出さないといけない。

それ以外の庶民はイートン、ハローの受験さえできないし、仮に受験できて成績がよくても、どうせ合格にはしてもらえない。イートン、ハローというのは、貴族出身の出来のよい子どもたちがオックスブリッジに入学するために用意された学校だからである。

ここが日本のトップ進学校とされる開成（東大合格者数ナンバーワン）、筑波大学附属駒場（東大合格率ナンバーワン）、灘（横浜より西の東大合格者数ナンバーワン）などと根本的に違う。

人生を楽しく生きる方法2——有名人の子どもに生まれる

楽しい人生を送る2つ目の方法は、有名人の子どもに生まれること。

たとえば、スポーツ選手の両親の間に生まれると、遺伝的な素因と環境の両方が揃っているだろうから、子どももスポーツ選手になるケースが多い。

アテネ五輪のハンマー投げで金メダルを獲った室伏広治さんは「鉄人」と呼ばれるが、そのお父さんの室伏重信さんは「アジアの鉄人」と呼ばれた元祖・鉄人。お父さんは日本選手権10連覇、アジア大会５連覇という偉業を成し遂げた偉大なアスリートだが、オリンピックレベルでは決勝ラウンドに進めるか進めないかという実力で残念ながらメダルには手が届かなかった。

お父さんは、身体が大きく優れた運動神経の持ち主だったルーマニアのオリンピックのやり投げ選手と結婚。その２人の間に生まれたのが広治さんだ。

２人のトップアスリートから遺伝子を受け継いだ広治さんは、よく知られるように優れた運動能力を持っている。その素質にまつわる逸話は数知れない。

１９９６年の長野オリンピックで東京ボブスレー・リュージュ連盟が選手選考会として行った運動能力テストでは、全種目で満点を叩き出し、２００５年のプロ野球セントラル・リーグの始球式に出場したときは、１３１kmの速球をいいコースに投げ込みプロ野球選手を驚かせた。

そんな素質の持ち主に、経験豊かなお父さんが専属コーチとなって教えたのだから、彼は陸上・投擲《とうてき》種目でアジア選手初となるオリンピックの金メダリストになれた。

妹の室伏由佳さんも円盤投げとハンマー投げの元選手で、いまもその２つの種目で日本最高記録を持っている。

父親を超えるには

もちろん例外はある。同じスポーツ選手でも、プロ野球では名選手の子どもが必ずしも名選手になるわけではない。長嶋茂雄さんの息子も、野村克也さんの息子もプロ野球選手になったが、父親のような偉大な選手にはなれなかった。

ただし、有名人の子どもに生まれると有名税というか、それなりの苦労がともなうこともあるようだ。

私はそれほど有名ではないが、それでも息子は方々で「おまえは、あの堀紘一の息子か？」と指摘されるのが嫌だとよく愚痴をこぼしていた。

息子は、私が創業したドリームインキュベータという会社で働いていたが、あちらこちらでことあるごとに「堀紘一の息子にしては頭がよくないぞ」とか「堀紘一の息子にしては仕事がさほどできないなぁ」とかいわれてうんざりしたそうだ。

あるときオリックスの宮内義彦さん（現シニア・チェアマン）一家とともに京都旅行に出かけたことがあった。そのとき、息子は私のいないところで宮内さんに「親父を超えるにはどうしたらいいですか？」と率直に尋ねたらしい。宮内さんは「それは君、まずはドリームインキュベータを辞めることだよ」とアドバイスしてくれたという。それで息子はドリームインキュベータを辞め、いまはあるＩＴ企業で働いている。

人生を楽しく生きる方法３――読書で教養を身につけて一流の人間になる

「人生を楽しく生きる３つの方法」といっても、金持ちの子どもや有名人の子どもとして生まれるかどうかは自分では決められないことだ。これは運命でしかない。なら、その他の大多数の人はどうやって人生を楽しめばいいのか。

そこで３つ目の方法として挙げたいのが、教養を身につけて一流の人間になること。教養を身につけて一流の人間になるのに「氏」も「育ち」も関係ない。自分の努力で決まることだから、これは誰でもその気になればできること。そのために重要なのが、他ならぬ「読書」なのだ。

本を読むのにはさほどお金はかからないし、公的な図書館を利用すれば、無料で本を読み、教養を磨くことだってできる。

勘違いしないでほしいのだが、教養の有無、一流であるかどうかに、学歴はなんら関係がない。いわゆる一流大学卒でも教養のない人はごまんといるし、三流大学卒でも一流の人間は大勢いる。

その差を生む要因のひとつは、「どれだけ本を読んでいるか」という読書量の違いだと私は思う。

日本ではまだまだ学歴で人を判断する風潮が強いようだから、学歴偏重主義のバカバカしさについて改めて強調しておきたい。

諸外国における学歴とは、高卒なのか大卒なのか、大卒ならバチュラー（学士）なのか、マスター（修士）なのか、ドクター（博士）なのかの違いを差している。

どこそこの大学卒だから学歴が高いという風潮、つまり大学受験における偏差値で評価する日本の学歴の捉え方は、諸外国とは大きく異なっていることを知っておくべきだ。だからといって諸外国の学歴に対する認識が正しいとは、私はこれっぽっちも思っていない。

「学歴なんてクソくらえ」ということが本書を読み進んでいくことによってわかってもらえると思う。

第1章

学歴より、読書で「学習歴」を作れ

学歴偏重主義のバカバカしさ

序章で学歴偏重主義のバカバカしさについて触れたが、その歪みの最たるものが、企業が学歴で採用を決める仕組みだ。

私が創業し会長を務めるドリームインキュベータでは毎年、数人の採用枠に対して何千人もの入社希望（エントリー）がある。東証1部上場企業としてはこれでも少ないほうで、三菱商事あたりだと5万人ほどのエントリーがあるという。

聞くところによると、入社希望の学生に代わってエントリーシートを自動的に送付する就職関連企業がたくさんあるそうだ。

その企業がエントリーシート送付の基準としているのが、学歴。「あなたの大学の偏差値はこのくらいだから、それに見合うこのあたりの企業に履歴書を送ると面接までたどり着ける確率が高いですよ」と就職関連企業側が教えてくれて、給料水準や地方勤務の有無といった待遇面を踏まえてエントリーシートを送付する。

昨今の学生は平均して１００通ほどエントリーシートを送るそうで、そこから面接にこぎつける確率は5～10％にすぎないそうだ。下手な鉄砲も数打ちゃ当たるとばかりに、むやみやたらとエントリーシートを送りつけた挙げ句、自分たちで面接突破の壁を高めているのだからなんともアホらしい話だ。

これでは就職関連企業が儲かるだけで、採用する企業のためにも学生のためにもならない。

ＢＣＧ時代に日本初のインターンシップ制度を導入

日本では人物を見ようとしないで、学歴で人を評価する傾向が昔からとても強かった。私はそういう風潮に非常に反発を感じて、ボストンコンサルティンググループ（ＢＣＧ）の時代に日本で初めてインターンシップ制度をとり入れた。

当時はいまと違って終身雇用が前提の時代だった。そして、定年まで雇う人を履歴書や筆記試験、わずか10分程度の面接などで採用・不採用を決めなければならないのは、あまりにリスクが高いと私は思っていた。

当時は企業と学校が就職協定（１９９６年に廃止）を結んでおり、企業側の委員長を太平洋セメントの諸井虔《けん》さん（当時は秩父セメントの社長）が務めていた。

就職協定というのは、元はといえば一部の有力企業が優秀な学生を独占的に青田買いするのを防ぐために生まれたもの。そのため各企業の人事部は、よその企業がフライングして学生を囲い込んでいないかどうかを監視し合っていた。

もうなくなった会社なのであえて名前を挙げると、あるとき旧第一勧業銀行が就職協定を破って東京大学の本郷キャンパスで法学部の学生を勧誘したという情報が流れたことがあった。真偽は定かではないが、その情報をきっかけとして、翌朝9時には全銀行、全証券会社、全生命保険会社、全商社が就職協定を破り、雪崩を打ったように学生をリクルートし始めるという情けない事態に発展した。

そのときテレビの対談で、私は諸井さんにこう伝えたことがあった。

「あなたのやっていらっしゃることは完全なボランティアだし、一文にもならないことに汗を流していらっしゃる。その志は高邁です。

けれど、結果的に就職協定は学生に、社会人というのはウソをついてまわるものだ、君たちも社会に出たらウソが上手になって、ウソのなかで生きていかないといけないぞ、と教えているだけじゃありませんか」

諸井さんは黙っておられたが、胸の奥で腹を立てながらも私の意見に共感していたと思う。

ＢＣＧは就職協定には参加していなかったので、正々堂々と就職協定を破り、インターンシップ制度を導入することができた。

大学3年生くらいで、これはと思った学生を「夏休みに10日間、うちでアルバイトをしてみないか。１日2万円払う」と誘う。普通のアルバイトは日給１万円くらいだから、声をかけるとみんな喜んでやってきた。

やってきた学生のアルバイトぶりを横目で見ながら、昼どきになると「昼飯を食いにいこう」と誘い、夜になると「１杯飲みにいこう」と誘い出す。そうやって雑談するうちに「こいつはなかなか考える力がある」とか「人間性は悪くないな」などと、さまざまな面をじっくりと見ていくのだ。

その結果、本当に優秀な学生にはオファー、つまり内定を出して入社を誘い、ダメだと思ったらオファーを出さずに見送った。

そのうち夏休みだけでは足りないという話になり、結局は夏休み、冬休み、春休みと年3回のインターンシップ制度を導入するようになった。

いまでは多くの企業で同様のインターンシップ制度を採用しているから、私のとり組みは先見の明があったといえるだろう。

差をつけるには読書と耳学問しかない

話を読書に戻すとしよう。

とにかく学歴はくだらないものだが、「学」と「歴」の間に「習」という漢字を入れるとコペルニクス的転換が起こる。

昔、学歴ではなく「学習歴」こそが重要だと親しい経営者から教わった。

地球上でヒトというちっぽけな動物が「万物の霊長」として威張っていられるのは、言葉を身につけて知恵の伝承ができるようになり、過去から学んで未来を切り開く学習経験ができるようになったからだ。同様にビジネスパーソンも、学習歴の幅と深さと長さが、その人の人生を決めるといっても過言ではない。

その大事な学習歴を身につける方法は2つしかない。ひとつが「読書」であり、もうひとつが人の話を聞いて学ぶ「耳学問」だ。

私は『30代から大きく伸びる人の勉強法』（ＰＨＰ文庫）という著作で、勉強法を「戦時の勉強法」と「平時の勉強法」に分けて紹介した。

戦時の勉強法とは、入学試験や資格試験のように短期的に明確な目的があって行うもの。もうひとつの平時の勉強法とは、単純かつ短期的なゴールを設定しないで、自らの人生をより豊かで楽しいものにするために長期にわたって行うもの。ここでいう学習歴は、平時の勉強法に近い。

また、学習には「直接体験」と「間接体験」がある。

ビジネスパーソンは、場数を踏みながら日々ビジネスの現場で学んでいるが、これは直接体験だ。

サボったりいい加減な仕事をしたりしている輩は脇に置いておくとして、真面目に仕事をしている人は、直接体験を積んでいる。ライバルたちに差をつけたいと思ったら、もうひとつの間接体験を重ねる。そのための2本柱が、読書と耳学問なのだ。

ヒトは言葉を使うようになって耳学問が可能になり、次いで文字を生み出して読書が可能になり、間接体験ができるようになった。前述のように、それが人類の進歩を根底から支えているのだ。

耳学問は思うほど簡単ではない

読書より耳学問のほうが簡単だと思っている人は多いだろう。しかし、耳学問は読書よりも基本的には難しい。その理由は3つある。

ひとつ目の理由は、耳学問のためには聞いてためになるような話をしてくれる人たちとの人脈が必要であること。

世間話に毛が生えたような話をいくら聞いても時間の無駄だし、学習歴を高めるうえでは、まるで意味がないのだ。

私自身のこれまでの経験からいうと、聞いて役に立つような話をしてくれる人というのは、そこそこのレベルで100人に1人、高いレベルになると1000人に1人、もしくは1万人に1人くらいしかいない。

そういう人たちの話を聞いて学べる人脈を構築するというのは、普通のビジネスパーソンには至難の業に近い。その点、親が金持ちだったり、有名人だったりすると、「親の七光り」で親が培った人脈をたどっていくことができるから、1万人に1人のレベルの人から耳学問で学べるチャンスがあるかもしれない。これも、金持ちの子ども、有名人の子どもとして生まれるメリットといえる。

私は中学生のころ、岡本太郎画伯の話を何度も聞かせてもらえるチャンスに恵まれたが、これは敬愛する与謝野馨さん（元衆議院議員）の家によく出入りしていたからだ。それというのも与謝野さんのお母さんの道子さんと岡本さんが親しく、よく与謝野家にいらしていた岡本さんの話を聞くことができたのである。

耳学問が難しい２つ目の理由は、耳学問では〝話し言葉〟がベースになること。話し言葉というのは、書き言葉のように論理的にしっかり構築されていない場合がほとんど。話を聞くだけ聞いても、頭のなかで理路整然と整理できないことが多い。

耳学問が難しい３つ目の理由は、ヒトという動物の特性に関わっている。

人間というのは不思議なもので、見たいものしか見ていないし、聞きたいことしか聞いていないもの。どうやら、これは脳の特性によるものらしい。五感から入る情報はすべて脳で処理されるが、見たもの、聞いたことの情報すべてを脳にとり込んで処理しようとすると、脳がパンクしてしまう。だから、そのとき見たいもの、聞きたいことだけを選んで優先的に処理しようとするのだろう。

幸運にも１万人に１人レベルの人の話が聞けるチャンスがあったとしても、自分の聞きたいことしか聞いていないのでは、知識や興味の幅は広がらなくなる。

ＩＣレコーダーなどに話を録音しておいて、テキストに起こしたり、注意深く聞き返したりすれば、聞きたいことしか聞いていないという耳学問の欠点もカバーできるだろうが、実際にはそこまでなかなかできない。

本当の意味で耳学問によって学習歴を広げようとするなら、あらゆる偏見を徹底排除して、生まれたばかりの赤ん坊のようなまっさらな気持ちで相手に向き合い、じっくりきちんと耳を傾ける必要がある。

読書なら誰でも手軽に学習歴が深められる

金持ちの家にも、あるいは有名人の家にも生まれるチャンスがなく、１０００人に１人、１万人に１人レベルの人たちの話が聞ける機会がなくても、読書なら誰でも学習歴を深め、教養を深めて一流の人間に近づける。

読書には耳学問が持っているような欠点がまるでない。読書は好きなときにできるし、耳学問のように事前に人脈を構築する必要もない。

耳学問では、聞いた情報をあとで理路整然と整理できない恐れもあるが、読書であれば論理的な書き言葉で綴られているので、知識や経験を効率的に吸収しやすいという利点がある。

本や雑誌は文章のプロが書いたものだから、起承転結があり、また独自の視点と分析で仮説を検証しており、読み手の頭にスルスルと入ってくる。万が一わからないところがあったとしても、ページをめくって読み返せるから、理解を深めやすい。

ちなみに私は斜め読みをほとんどしない。読む価値のある本は、魚を頭から尾っぽまで残らず平らげるように、最初のページから最後のページまで、「まえがき」や「あとがき」も含めて一文字残らず、味わって読むべきだと思ってそうしている。

こうした読み方をしていれば、耳学問のように自分の知りたいことしか学ばないという心配はない。ただし、短期決戦の「戦時の勉強法」においてはその限りではなく、読みながら不要だと思った部分はさっさと飛ばし、重要だと思う部分だけを選んで集中的に読めば、効率的に勉強することができる。

読書によって学習歴を少しずつ広げ、教養を深化させていけば、最終的には耳学問の効果も享受できるようになる。

耳学問で聞いて学べるような人物は基本的に頭のよい人たちだから、読書を通じて教養ある一流人になってくると「こいつは若造だけど、なかなか勉強しているな」と見抜いてくれる。

さらに、「学習意欲も高いようだから、手塩にかけて育ててやろう」という気持ちになってくれたら、その人から耳学問で学べるようになる。こうして読書と耳学問が両輪となったら、雪玉が転がりながら大きくなるように教養がみるみる深まっていくのだ。

教養を深めて一流人になると得られる3つのこと

読書によって教養を深めて一流の人になると、人生を楽しく豊かにすごせるようになる。そういうと「堀さん、もっと他にいいことはありませんか？」という質問が出てきそうだ。

もちろん、他にもいいことはある。そこで、教養を深めて一流人になると得られる

3つのよいことを紹介することにしよう。

ひとつは、世のため、人のためになる行いがたくさんできるようになること。

インドで貧困層の福祉に尽くしたノーベル平和賞受賞者のマザー・テレサは、「最大の不幸は貧しさでも病でもない。誰からも自分は必要とされていないと感じることだ」という有名な言葉を残した。

逆にいうと、他の誰かから必要とされていると感じ、自らの行いに感謝されることは、このうえない幸福感を人間にもたらしてくれる。

心の満足が得られるという点では、世のため、人のためになる行いができるのは、1回しかない人生で生きがいを感じながら幸せに生きる近道なのだ。

人によっては、世の中にも他人にも興味がないというタイプがいるかもしれない。そういうタイプでも、「教養を深めて一流人になると尊敬されますよ」と説明すると納得して興味を持つ人が少なくない。

私の経験からすると、尊敬されることに興味を持つ人のおよそ8割は政治家になる。政治家の多くは世のため、人のためになると思って汗を流しているのではない。選挙のたびにたすきをかけて白い手袋をはめ、選挙カーから頭を下げて喉をつぶすまで大きな声を張り上げているのは、自分が尊敬されたいという一心からだ。そうでなければ、あのようなレベルの低いことに耐えられるわけがない。私はそう思っている。

政治家にならなくても、ビジネスパーソンなら教養が身について部下も周囲も尊敬してくれたら、人望が厚くなり、あの人に部長になってもらおう、あの人に取締役になってもらおう、あの人に社長になってもらおうという声が広がって、出世する確率が高まる。

たとえ本人に出世したいという気持ちがなくても、結果として出世する。もし出世するのが嫌だったら、断ればいいだけの話だ。

世のため、人のためになることにも、尊敬を集めることにも興味がないという人がいたら、3つ目のよいことを教えよう。教養を深めて一流人になると、交友関係が広がり、立派な友だちが増えるのだ。

そういうと多くの人は「それはいいですね！」と膝《ひざ》を打って身を乗り出す。それはそうだろう。生まれるときも死ぬときも人間はひとりぼっちだが、その間の人生はひとりぼっちでは生きられない。

立派な友だちができたら、一緒にご飯を食べたり、お酒を飲んだりしているだけでも楽しいし、それこそ耳学問で勉強にもなる。

ビジネスパーソンなら、そこから派生して一緒に新しい事業をやろうとか、こういう発想はどうだろうかとビジネスアイデアも出てきて、瓢箪《ひょうたん》から駒でそれが当たって結果として金持ちになってしまうケースもあるだろう。

どうだろう。読書で学習歴を作り、教養を磨くことの大切さがわかったら、本書を放り投げて一刻も早く他の本を読みたくなったかもしれない。だが、もうちょっとだけ待ってほしい。

次の章では、読書が持っている多彩な効用について紹介しよう。

第2章

読書の7つの効用

前章では読書で学習歴を作っておくと教養が養われ、一流人となって楽しい人生が送れるということを綴った。それが読書の第一の効用だが、本を読むと得られる御利《ごり》益《やく》はそれだけではない。

この章ではビジネスパーソンが本を読むと得られる、多様な効用に光を当ててみる。

読書の効用1——失敗を二度繰り返さない

これから「読書の7つの効用」を紹介していく。

ひとつ目は、無駄な失敗を未然に避けられること。

失敗はしてもいい。失敗から学べることも多いからだ。失敗を恐れてチャレンジをしない人生はつまらないものだが、しなくてもいい失敗はしないにこしたことはない。読書をしているとその失敗が未然に避けられるのだから、成功する確率はそれだけ高くなる。

日本で1年間に出版される書籍の数は8万点ほど。さまざまなジャンルの本があり、それぞれによさはあるが、ビジネスパーソンが真っ先に読むべきなのは、先人の失敗経験が書いてある本だ。

現代は「格差社会」といわれているが、人間の本質に目を向けると持って生まれた才能に大きな格差はないと私は信じている。だから大半の人は、過去に誰かが経験しているのと同じような失敗を繰り返している。

世界でまだ誰もやった試しがないことに初めてトライしようと思えば、誰でも一度は失敗する。けれど、長くても１００年くらいしかない人生で、少なくとも誰かが過去にしでかした過ちや失敗を繰り返すのは無駄なことだと思う。

ならば、先人の失敗経験を頭に入れておけば、「転ばぬ先の杖」となって同じ失敗をしなくて済むようになる。

その方法には読書と耳学問があるけれど、自分の失敗を面と向かって話せる人は滅多にいない。もし、失敗を好んで赤裸々に話してくれる人がいたとしたら、奇貨としてその人の話はぜひ聞いておくべきだが、それはかなり奇特な人といえるだろう。

人は、成功経験は好んで話してくれるが、失敗経験はなかなか話してくれないのが世の常なのだ。その点、他人と面と向かわなくてもよい本には、著者が恥を忍んで失敗経験をいろいろと書き記していることが多く、学ぶところがたくさんある。

野村克也さんを支えたのも読書

同じ失敗を繰り返すのは大バカ者だが、直接体験で一度くらい失敗するのは当然だ。ごく普通でバカでもおりこうさんでもないけれども、直接体験では失敗せず、間接体験で失敗を学んで避けるのが本当の賢者だと私は思う。

その点、間接体験で失敗を学ぶツールとして最適なのが読書なのだ。なかには「失敗よりも成功から学べることのほうが多いのではないか？」と疑問を抱く人がいるかもしれない。その疑問はもっともだが、成功から学べることは失敗から学べることに比べると、遥かに少ない。

プロ野球の野村克也さんは、「勝ちに不思議の勝ちあり、負けに不思議の負けなし」という言葉を残した。

これは野村さんの創作ではなく、江戸時代の大名で剣術家としても知られていた松浦静山の剣術書『剣談』が出典である。その真意を意訳すると「どうやったら勝てるかと聞かれてもわからないが、負ける試合というのは必ず負ける理由があって負けている」といったところだろう。「負けに不思議の負けなし」だからこそ、成功よりも失敗には学びが多いのだ。

　私は長い歴史と伝統を誇る日本のプロ野球界でも、野村さんが最も偉大な人物だと思っている。長嶋茂雄さんや王貞治さんや松井秀喜さんも偉大だが、彼らよりも野村さんはもっと立派な人物だと評価しているのだ。

　私はスポーツ選手が書いた本はまず読まないが、野村さんが書いた本だけは例外で読んでいる。読んでみると感覚的にわかるのだが、野村さんはかなりの読書家だろうと思う。そして、彼は経営学の本もたくさん読んで勉強しているはずだ。ひょっとしたら私が書いた本も何冊かは読んでくれていると感じる。表現があまりにも似ているところが何か所もあるからだ。

　野村さんは京都府立峰山高校という、失礼ながら野球でも勉強でも有名ではない学校の出身だ。野村さんが入った頃、野球部は不良少年たちのたまり場のようなところだったそうだが、そこから日本を代表する野球選手になり、監督としても名伯楽といわれる存在になった。

　それを支えたのは努力と読書だと私は思う。

読書の効用2――表現力が磨かれる

読書の効用の2つ目は、本を読んでいると表現力が養われること。

表現力というのは作家や俳優のような表現者だけではなく、すべての人に必須の能力だ。私は表現力の有無は人生を左右すると信じている。

人間は社会的動物である。仕事も恋愛もひとりではできないから、何事を成すにも誰かになにかを伝えてコミュニケーションを交わさないといけない。

男と女だったら、あるいは同性愛者なら同性同士でも、抱き合ってコミュニケーションをとることもあるだろう。でも、そんな例外を除いてしまうと、私たちは通常、言葉を用いてコミュニケーションを交わしている。このコミュニケーションの精度と幅を広げてくれるのが表現力なのだ。

読書で表現力が磨かれるのは、第一に本を読むとボキャブラリー（語彙）が増えるからだ。アメリカで行われたある調査によると、ウエストサイドの下層の人が日常的に使っている語彙は、たったの3000語。逆にいえば英単語を3000語知っていれば日常的な会話はだいたい成り立ち、ご近所さんと世間話ができる。

これが大学で学んだアメリカ人の語彙となると、その10倍以上の5万語にまで広がるといわれる。英単語を5万語知っていれば、新聞を読んだり、社会科学の本を読んだりしても理解できるだろう。

これが教養人といわれるレベルになってくると、語彙は一般的な大卒レベルの2倍の10万語になるといわれる。英単語を10万語知っていれば、かなりのインテリということだ。

私の妹は医学関連の同時通訳の仕事をしているのだが、彼女も7万～8万語の単語に医学用語3万語、合わせて10万～11万語を知っていると、医学関連の会議の同時通訳ができると教えてくれたことがある。

日本語で同様の調査が行われたかどうかは定かではないが、日本でもおそらく日常会話は3000語、大卒レベルでは5万語、10万語を知っていたらかなりのインテリという法則は成り立つような気がする。つまり、大学を出たというレベルでは、教養人の半分の語彙しかないということである。

プレゼンが上手な人はかなりの確率で読書家

代表的な日本語の中型国語辞書である『大辞林第三版』（三省堂）は23万8000語、電子版では26万語が収められているそうだ。そこまで語彙を広げる必要はないが、教養人として尊敬されるには、最低10万語は知っておきたい。3000語で事足りる日常会話ではそれ以上増えてくれないから、語彙を増やすには読書に励むしかない。

本を読むと語彙が増えるだけではなく、会話でのいいまわしが豊かになってコミュニケーションが良好になってくる。

著者にはそれぞれ個性があるから、幅広いジャンルの本を読んでいると、その著者独自のいいまわしに触れる機会が増える。それ自体が学習歴になるし、四文字熟語や諺《ことわざ》の類にも自然に詳しくなってくるだろう。それは表現力をより高めてくれるに違いない。

語彙といいまわしの引き出しが増えてくれば、頭のなかにあるイメージや考えをより的確に伝える技術が高まる。そうなれば、ビジネスシーンでプレゼンテーションをするときに役立ってくる。ビジネス書ではプレゼンテーションの技術が学べると称するハウトゥー本が売れているようだが、そんな本で小手先の技術を学ぶなら、古今東西の古典を読んだほうがずっと効果的だ。

アップルの創業者である故スティーブ・ジョブズはプレゼンテーションの天才といわれているそうだが、彼の発想の源もおそらく読書にあったに違いない。

生前、本人がインド哲学やプラトンなどのギリシア哲学の書物、ウィリアム・シェイクスピアの作品群、『白鯨』で知られるハーマン・メルヴィル、20世紀の英語圏を代表する詩人であるディラン・トマスを愛読していたと語っている。プレゼンが上手な人はかなりの確率で読書家だと思って間違いないだろう。

読書の効用3――ストーリー構築力が磨かれる

読書、とくに小説を読んでいるとストーリー構築力が養われる。

小説家は、ストーリー構築力が命だ。伏線の張り方が見え見えでわざとらしいと読み手はうんざりしてくるし、伏線がそれとわからないと意味がない。

起承転結と伏線の張り方で小説のリーダビリティ（読みやすさ）は大きく変わる。世の中でベストセラーを量産する人気作家たちは、例外なくストーリー構築力に長けている。小説家だけではない。ビジネスパーソンにもストーリー構築力は欠かせないが、それは良質の小説を読むことで学べる。

私の専門であるコンサルティングでは、クライアントに最終提案として「みなさんから与えられた課題に対して、こういう具合に課題解決にとり組むのがよいと考える。理由は次の通りであり、その方法論はしかじかである」というようなレコメンデーションを行う。

このレコメンデーションのやり方には、次の2つがある。

小説と同じでレコメンデーションにも起承転結が求められるが、順番に語っているとクライアント側も眠たくなって集中できない。提案をどう興味深く聞かせるかもコンサルティングの技術のうち。そこでひとつ目の方法として、最後の「結」から入る。これは欧米人が好むやり方だ。「結論はこうです。なぜなら……」というふうに単刀直入にレコメンデーション全体を組み立てていく。

ところが、日本人は結論から入ると「最初からちょっと決めつけすぎている」とか

「結論ありきで予断を持ってコンサルティングをしているのではないか」とうがった見方をされる場合が少なくない。

そこで２つ目の方法として、起承転結の「転」から入り、「結」を語ってから「起」「承」へと持っていく。私の経験では、そのほうが日本人クライアントには受け入れられることが多かった。

このようにレコメンデーションを起承転結で語るときも、小説のストーリーテリングから学んだことは大いに役立った。これはコンサルティングのレコメンデーションだけではなく、ビジネスパーソンのプレゼンテーション全般にいえることだと思う。

年収３億円のトップ生保レディも読書家

ことに営業職であれば、自動車を１台売るときも、マンションを１室売るときも、相手の琴線に訴えかけるストーリー構築力が消費者の心を動かしてサイフの紐《ひも》を緩めてくれると思う。

私はかつて、ある大手保険会社の社長の年収が５０００万円の時代に、歩合制で年収3億円を稼ぎ出していたトップクラスの生保レディに出会ったことがある。

パッと見はいかにも人のよさそうな普通の年配女性だったが、彼女はストーリー構築力に極めて長けていた。たとえば、30代前半のビジネスパーソンで、まだ生命保険に入ってない人に対峙するなら、その人をつかまえて実話を交えてこんなふうに話をする。

――先だって、私の知人が一家4人で相模湖までドライブに出かけた。その方はちゃんと安全運転される方でセンターラインを守って運転をしていたのに、山道のカーブが多いところで反対車線からダンプカーがセンターラインを超えて飛び込んできて、ダンプカーとその方のマイカーが正面衝突をしてしまった。

一家4人ともケガをして救急車で近くの病院に運ばれたのだが、ご主人は瀕死の重傷でかなり大量の輸血をしなくてはならない状況だった。

その場で輸血できそうなのは軽症の小さな息子さんだけだったので、医師が「坊や、お父さんに輸血が必要なの。坊やの血液が必要だから、お父さんにあげていい?」と聞いたら、息子はワンワン泣き出した。

そして泣きながら「僕、お父さんが大好きだから。僕は死んでいいから、お父さんに血をあげてください」といった。この子は輸血をするとなったら血液を全部抜かれてしまい、自分は死んでしまうと思ったらしい。

幸いにも輸血が成功してご主人は助かった。でも、一寸先は闇。あなただって今日はピンピンしているけれど、明日になったらなにが起こるかわからない。あなたの家族はあの坊やのようにきっとお父さんのことを大切に思って愛しているに違いない。だから、悪いことはいわないから、この保険に入っておきなさい——。

このように話をすると、百発百中だそうだ。

もちろんこれは相手にマイカーがあり、頻繁に家族でドライブ旅行に出かけているという事前情報があるから使える手だが、事前情報があってもストーリー構築力がなければ契約はとれない。むろん、この生保レディも読書家だった。

教師にもストーリー構築力が不可欠

ビジネスだけではない。読書が養ってくれるストーリー構築力は教育現場でも役立つと私は確信している。

私がもし小学校の先生だったら、他の誰よりも子どもたちのやる気を引き出す自信が秘かにある。たとえば算数。多くの子どもは算数なんて嫌いだが、私が算数を教えるとしたら、1学期の1限目の授業で生徒たち全員に将来、なにになりたいかを聞くだろう。

ある男の子はトラックの運転手になりたいと答えるかもしれないし、ある女の子は花屋さんになりたいと夢を語ってくれるかもしれない。そうしたら「将来トラックの運転手さんになっても、お花屋さんになっても、算数がわかっているといいことがいっぱいあるよ」と教えてあげる。

お花屋さんになりたいという女の子には、「市場でお花を仕入れるね。仕入れたお花をお客さんに売りたいけれども、あいにくお客さんがあまりこなくてお花が売れ残って、しおれてダメになることもあるよね。そうすると100円で仕入れたお花を大体いくらで売ればお店がつぶれないか、わかるかな?」と聞く。

もちろん女の子はわからないと答えるだろう。そうしたら「お店の家賃とか、冷暖房や水道などの光熱費とか、そういう費用もかかるから、100円で仕入れたお花は1本300円、ひょっとしたら350円で売らないとお花屋さんは続けられない。こういう計算をするには、算数が役立つんだよ」と教えてあげる。
すると、その子は一生懸命算数を勉強するようになるだろう。

「なぜ勉強するのか」を教えてあげる

歴史を教えるときも、闇雲に年号を暗記させようとするから歴史嫌いが増えてしまう。単に年号を覚えるだけでは面白くもおかしくもないからだ。

だけど、「あなた方のおじいちゃん、おばあちゃん、そのまたおじいちゃん、おばあちゃんはいろいろな失敗をしてきた。失敗をしただけではなくて、そのために命を落とすハメになった人も大勢いる。あなたたちは同じような失敗をして死にたくないでしょ。そのためにこれから歴史を教えてあげるから、よく聞きなさい」と教えてあげれば、子どもたちは食い入るように授業に集中するはずだ。

日本の学校の先生の大半は「なぜ勉強するのか」という教育の目的を話さないうちに、スケジュールに追われて教科書を1ページ目から順番に教えようとする。そうなれば、国語も算数も理科も社会も面白くなくて当然だ。

つまらない教科書を黙って読むより、先生の目を盗んで『進撃の巨人』だとか『ワンピース』だとか、マンガを読んでいるほうがずっと楽しいと思ってしまう。

優れた教師は例外なくストーリー構築力に優れているから、いま学んでいることが将来の自分にどう役立つのかを、リアルな体験として子どもたちに感じさせることができる。日本では学級崩壊、教育崩壊の危機が叫ばれているけれど、その危機を回避するためには、子どもよりもまず教師たちにもっと本を読んでほしい。教師1人ひとりが読書で子どもたちを夢中にさせるストーリー構築力を磨いていけば、日本の教育はきっとよい方向へ向かうと私は信じている。

子どもたちには、単に「本を読みなさい」というだけではダメ。読書をすると、なにがどういいかをしっかりと伝えるべき。そうすれば、放っておいても子どもたちは夢中になって本を読み出すに違いない。

読書の効用4――環境が変わって成功できる

健康で長生きするか、それとも若くして病に倒れるか。あるいはビジネスで成功するか、それとも成功しないのか……。人生を左右している要素は突き詰めると、「遺伝的素因」と「環境因子」の２つしかない。

遺伝的素因とは持って生まれた遺伝子の差に他ならない。ヒトのカラダは40兆個とも60兆個ともいわれる無数の細胞の集まりであり、その１つひとつには同じ遺伝子が収められている。

遺伝子が書き込まれているのはＤＮＡ（デオキシリボ核酸）であり、全部でざっと２万５０００個の遺伝子があるという。両親から受け継いだ２万５０００個の遺伝子の組み合わせこそ、遺伝的素因を決めているのである。

野球でいうなら、私たちがいくら努力しても野球の本場であるアメリカのメジャーリーグへ渡り、イチロー選手や田中将大選手のような活躍をすることはできない。同じように遺伝的にあまり頭がよいとはいえない人が、努力だけで頭のよい人間を凌駕して賢くなるというのは無理だろう。

遺伝的素因に恵まれていないとしたら、環境因子に頼る他ない。

進化論は自然環境が突然変異を生み、環境に適応したものだけが生き残り、環境に適応できないものは滅んでいくことを教えてくれる。

我が物顔で地上をのし歩いていた恐竜たちが、白亜紀末のおよそ６５００万年前になぜ突如絶滅したかというと、そこには多種の要因が複雑に関係しているにしても、巨大な隕石が落下したせいで地球環境がガラリと変わってしまい、恐竜がその突然の変化の前になす術がなく、適応できなかったからだ。

恐竜ならずとも地球環境を変えることはできないが、人生を左右している環境は自ら変えることができる。

遺伝子は英語で「ＧＩＶＥＮ」、日本語でいうと「与件」、つまりあらかじめ与えられたものという意味である。それに対して環境は自らの創意工夫で変えられるところが味噌である。

旅行で環境を変える

置かれた環境を変える方法は３つあると思う。そのひとつが読書なのだが、まずは読書以外にどのような方法があるかを見ていこう。

環境を変える手っとり早い方法は、物理的に移動してしまうことである。

都会の真っ只中でストレスの多い仕事に就いて疲れ果てて精神的に病んだとしたら、休みをとってぶらりと田舎へ出かけて海沿いを歩いてぼうっとする時間を作れば精神状態はよくなるだろうし、ひょっとしたら人生観まで１８０度変わるかもしれない。

昔から「転地療法」という言葉があるように、旅行は頭の切り替え、精神の切り替えに役に立つ。衛生面や安全面には十分な配慮が欠かせないものの、日本とはまるで環境が違う開発途上国へ出かけてみるのも悪くないだろう。

物理的移動の欠点は、時間とお金がかかること。アフリカやインドまでいけば人生観まで変わるかもしれないが、１週間くらいの休暇と数十万円の出費を覚悟しなくてはならないだろう。これは気軽にできることではない。

環境を変える方法は物理的な移動だけではない。「朱に交われば赤くなる」という喩《たと》えがあるように、周囲の友だちも大きな環境因子となる。

私の出身校である中高一貫の旧東京教育大学附属駒場中学校・高等学校（現筑波大学附属駒場中・高等学校＝以下、教駒、現筑駒）、麻布高校、開成高校といった進学校に進んだ学生たちが当たり前のように東大に入れるのも、周囲に一生懸命勉強する同級生たちが大勢いるからだ。

この友人関係をリセットするというのが、環境を自ら変える2つ目の方法となる。

しかしながら、友人関係をリセットするというのは口でいうのは簡単だが、一朝一夕にできるものではない。人間関係が壊れるのはつらいものだし、リセットした後の新たな出会いが必ずしも良好であるという保証はどこにもないからだ。

出身大学ではなく出身高校を聞く

時間もお金もかけず、人間関係を壊すことなくごく簡単に環境を変える方法がある。それが読書である。

読書で失敗から学び、表現力を磨けば、置かれた環境を劇的に変えることも不可能ではない。

私は学歴を信じていないが、興味を持った若者には出身大学よりも出身高校を尋ねることが多い。筑駒、麻布、開成あたりを出て東大をごく普通の成績で卒業するのは当たり前。筑駒、麻布、開成に入るくらいの遺伝的素因に恵まれており、なおかつ名うての進学校で周囲に勉強する仲間が大勢いるという恵まれた環境に置かれていたのなら、東大ごときに入って留年せずに出てくるのは当然なのである。

もしも1回で受からない、あるいは途中で留年でもしたとするなら、間違いなく努力不足の人間だとはっきりいえる。

そうではなく、誰も聞いたことがないような地方の高校の出身で東大を優秀な成績で卒業したというのであれば、生まれつき頭が相当いいか、環境を変えてしまう不屈の努力家か、あるいはその両方だと私は思う。

私は後者のほうを評価しているので、興味を持った若者には出身高校を尋ねるのだ。

そして環境を変える努力家の大半は、間違いなく読書家である。前述したように、無名の高校から不世出のプロ野球選手になった野村克也さんも、そのひとりといえるだろう。

本を読み終えるのにかかる時間は数時間だし、細切れ時間を活用すれば1日で1冊読むこともできる。懐《ふところ》具合が心配なら、図書館にいけば無料で借りられる。

身銭を切って買うとしても文庫本なら数百円。これで人生が変えられるのだから、本を読まない手はないのである。

読書の効用5――読書は大学院入学に値する

本書を読んでいる4年制大学卒のビジネスパーソンのなかで、少しでもより高いレベルで仕事をしたいと思っているとしたら、大学院に進んでもう一度学び直すことを私は強くすすめたい。

のちに詳しく述べるように、私は三菱商事に勤めているとき、社内留学制度でハーバード・ビジネス・スクールに留学させてもらったが、ビジネスパーソンが仕事力を根底から鍛え直したいと思ったら30代前半までに大学院で学び直すのがいちばんの近道だと思う。

欧米諸国のエグゼクティブ層は大学を卒業して企業などで社会的な経験を積んでから、自分が本当にやりたい分野はなにかを肌で感じたうえで、テーマを絞って大学院で徹底的に学び直すのが通例となっている。

企業サイドでも、幹部候補生に相応しい教養は専門機関で身につけるのが当然だというのが共通認識であり、むしろ学び直しを積極的に求める人物を将来のリーダーと捉えている部分もある。ここらへんは同じ学歴という言葉で表されても、欧米と日本ではだいぶニュアンスが異なる。

他ならぬ私のように、大学院での学び直しを求めるうちの数人は会社を辞める人物が出てくるとしても、企業サイドはそれはそれで仕方ないと割り切っている。学んで飛躍する気概がないような人物に、世界をあっと驚かせるようなビジネスは展開できないからだ。

けれど、誰もがみんな社内の公募条件をクリアして国内外の大学院への留学が認められるわけではない。

上昇志向が激しい組織ほど競争もそれなりに厳しいだろうから、志はあっても大学院での学び直しが叶わないケースもあるだろう。あるいは自分が所属している組織に大学院への社会人留学生制度がないことも少なくない。

でも、そこで落ち込む必要はない。読書で学習歴を広げていれば、大学院に留学するのとさほど変わらない教養とスキルが身につけられるからだ。留学にはお金がかかるが、公的な図書館を利用した読書なら無料で学べるのである。

読書の効用６――読書は「超常識」を引き出す

読書の６つ目の効用は、「超常識」を引き出してくれること。そのことを教えてくれるのは、日本人なら誰もが知っている福澤諭吉である。

私は福澤諭吉という男は、つくづくすごい人物だと思っている。

明治時代には出版物の部数を調べる調査なんてなかったから真偽は不明だが、福澤諭吉が書いた『学問のすゝめ』は３００万部以上売れたとされる。でも多分、これは間違っていると思う。

その頃の日本の人口は３５００万人ほど。諸外国と比べて識字率は高かったとされるものの、日本の国民がひとり残らず読み書きができていたわけがない。それなのに３００万部以上も売れるわけがないだろうと思うけれど、とにかく空前のベストセラーだったことは間違いないだろう。

その『学問のすゝめ』を改めて読んでみるとわかることがある。『学問のすゝめ』は、いまでいうと〝ベンチャーのすゝめ〟だということだ。

福澤が設立した慶應義塾では、先生と呼べるのは唯一福澤だけであり、他は先生ではないと教えている。私は福澤を尊敬しているから先生と呼ぶのは賛成だが、彼は単なる先生ではない。彼は日本で最初のアントレプレナー（起業家）なのだ。

福澤は慶應義塾を設立しただけではない。日本初の実業家たちの社交クラブとして知られる「交詢社」を銀座に設立したのも福澤だし、「横浜正金銀行」や「丸善」の設立にも関わっている。北海道には旭川と稚内の中間に牧場まで作っている。

要するに時代が求めているもの、日本という国がこれから必要とすると思うものを次々と起業していった人物なのだ。福澤は一般的には明治期における西洋文明の紹介者であり、啓蒙思想家であり、ジャーナリストとして知られているが、これからは彼の起業家としての側面にも光を当てるべきだろう。

起業家を志すのなら読書は必修科目

福澤の起業家精神を養ったのも、読書だと私は思う。

福澤は子どもの頃は読書が苦手だったそうだが、のちに改心して漢書（漢籍）を読みあさった。自伝の『福翁自伝』には『春秋左氏伝』（孔子が編纂したと伝えられている歴史書『春秋』の注釈書）が大好きで「他の書生は3、4巻で読むのを止めてしまうのに、自分は全15巻を11回ほど通読し、好きなところは暗記した」と書いている。

福澤に限らず、明治維新の先頭に立った志士たちは例外なく読書量が多かった。古典を中心に読書をすると人間の普遍的な思考が学べるし、社会生活を送るうえで最低限知っておくべき「常識」が身につく。

いまの教育の世界では「幼少から自分の頭で考える力を養うべきだ」という議論が盛んに出ているようだが、まずは読書で常識を身につけることが先決だ。

自分の頭で考えることとは既存の思考体系を組み換えて、その常識を超える「超常識」を生み出すことに他ならない。超常識は、イノベーションを引き起こす起業家にとっていちばん重要なものである。

読書をおろそかにしていると、最低限の常識がない非常識になってしまう。常識を踏まえない単なる突飛な思いつきである非常識と、常識を踏まえたうえで新しい価値を提案する超常識には月とスッポン、天と地ほどの差がある。

福澤は江戸時代までの封建制度という常識を果敢に乗り越えて、「天は人の上に人を造らず、人の下に人を造らず」という名言に喩えて理不尽な身分制度の打破を試みて、国としても人間としても独立自尊を重視した。

そして福澤は漢書に親しんだ身でありながら、のちに欧米の現実を視察したうえで記した『西洋事情』や『文明論之概略』といった著作を通じ、旧来の常識だった儒教思想と中国を中心とする冊封《さくほう》体制から、超常識である西洋文明に接近する大いなるパラダイムシフトを先導しようとした。いうまでもないが、福澤は日本を欧米のようにしたいと考えたのではない。西洋文明を咀嚼《そしゃく》してとり入れておかないと、日本だけではなくアジア全体が欧米諸国に乗っとられてしまうと恐れたのだ。

その超常識を支えたのは間違いなく読書だ。これから超常識でイノベーションを目指す起業家を志すのなら、読書は必修科目なのである。

読書の効用7――本が師匠になってくれる

学生でもビジネスパーソンでも、よい師匠を持った人は伸びる。

すでに触れたように人がどう成長するかには、持って生まれた遺伝的素因、そしてどのような環境で努力できたかという環境因子が影響を与えている。その環境因子を左右する重要な要素のひとつに、よい師匠に巡り合えるかどうかが含まれている。

文化や教養には、ある臨界量を超えると一挙に花開くという性質がある。そのためには、同じくらいのレベルの人が集まって、切磋琢磨することが大事だ。その切磋琢磨を正しいベクトルへと導いてくれるのが師匠である。

たとえば幕末には、長州藩の松下村塾という吉田松陰が引き継いだ小さな私塾から高杉晋作らが輩出された。そして、末弟子の伊藤博文（初代内閣総理大臣）、山県有朋（第3代、第9代内閣総理大臣）らが明治政府の中核を担った。

たとえば、日本人がこよなく愛す印象派の画家たちは、フランス・セーヌ川のほとりをたまり場としていた。日本でも漫画家の梁山泊となった「トキワ荘」から手塚治虫、藤子不二雄、赤塚不二夫といった人気漫画家たちが巣立っていった。

このように限られた場所から次から次へと偉大な働きをする人物が輩出される背景には、優れた師匠に恵まれた、あるいはよき仲間と巡り合えたという側面が大きい。

しかし、よい師匠や仲間に巡り合うのは、運と縁の要素が多分に含まれる。そのため、よい師匠や仲間になかなか恵まれない人もいるだろう。そんな人の師匠になってくれるのが「本」なのである。

とくに各分野で「古典」と呼ばれるような書を記した人は通常、それを読んでいる私たち読者よりも遥かに知的レベルが高いので、本を介して時空を超えた師匠となってくれる。

師匠となる本を読んで、さらにそれについて話し合う仲間たちが近くにいたら、松下村塾に集った志士や第二次世界大戦前のパリ・モンパルナスに集まったエコール・ド・パリの画家たちのように、互いに切磋琢磨して教養が一層磨けるに違いない。

どういう人になりたいかゴールを設定しよう

読書の効用を最大限に享受するには、読書をする目的を明確にしておくべきだ。大学教授とお坊さんでは読むべき本が違っていて当たり前。それと同じように同じビジネスパーソンでも、この先どういう人になりたいかという目標設定によって、読むべき本は変わってくる。

「読書が必要なのはわかっているが、どんな本を読んだらいいかわからない」と嘆くビジネスパーソンは少なくないようだ。そういう人には、そもそも将来のビジョンが曖昧なタイプが多いのである。

マラソン選手は月に1000km以上も走るというが、スポーツ選手が毎日厳しいトレーニングに耐えられるのは、自己記録を出したい、日本代表に選ばれてオリンピックに出場したいといった明確な目標があるから。もしも読書が苦手だというなら、なおのこと目標設定を明確にしておくべきだ。ゴールを定めてそれを達成するプランがはっきりしていれば、たとえ読書が苦手でも頑張って続けられるに違いない。

先日、ドリームインキュベータのある男性社員が29歳で結婚した。新婦は2歳年下で、かつて当社で同僚だったという縁があり、私は結婚式に呼ばれて挨拶をした。

結婚式の挨拶は短いほどよいと私は思っている。「雨降って地固まる」とか「お袋、給料袋、堪忍袋の3つの袋を大事にしてください」といったステレオタイプの教訓談はみんな聞き飽きている。だから私は、宮本輝さんの著作『三十光年の星たち』を引用して、こんな目標設定についての話をした。

「10年でやっと階段の前に立てる。20年でその階段の3分の1のところまで上れる。30年で階段をようやく上り切る。そして、上り切ったところから人生の本当の勝負が始まるんだ。その本当の勝負のために、これからの30年間がある。そのことを忘れないでほしい」

新郎新婦の２人は、もうすぐ30歳を迎える。だとしたら、少し気が早いと思われるかもしれないが、30年後の60歳に向けて人生設計を考えてほしいという話をしたのだ。役所に婚姻届けを出した瞬間に法律上は夫婦になる。だが、夫婦というのは長い時間をかけて熟成していくものだから、末永く絆を深めてほしいという話をたむけにしたら、みんな大いに受けてくれた。読者のみなさんにも宮本輝さんの『三十光年の星たち』を参考にしてもらいたい。

仕事もまた結婚と同じである。30歳から40歳までは完全な修業時代。40歳から50歳でもまだまだ駆け出しであり、先輩たちと比べると相対的な能力は１割あるかないかだ。50歳をすぎる頃からだんだん能力が本格的についてきて、あるポイントを超えるとグッと力がついて60歳までにやっと一人前になる。

私自身も30代までは将来に向けた投資の期間だと位置づけて、戦略的な読書を通じて専門的な知識と教養を徹底的に叩き込んだものだ。50代を超えて活躍している内外のエグゼクティブたちを見ていると、若いころから目標を定めて、その実現に向けて戦略的に読書をしてきた人がやはり多い。

このように長期的な視野に立って、ビジネスパーソンとしての一生を俯瞰で眺め、さらにはリタイア後の人生設計まで頭に入れておくと、それぞれの目標にフィットする最適の読書ができるようになる。

ただ漫然とゆき当たりばったりに乱読していいわけではないのである。

第3章

ビジネスパーソンが読むべき4つのジャンル

スポーツ選手は、種目は違っても基礎体力を養うためにランニングを欠かさないもの。同じように目標設定によって読むべき本は変わってくるが、どんな目標を設定するにしても基礎的な教養を磨くために読むべき本のジャンルがある。

前章では、読書の7つの効用について紹介したが、本章ではこれから基礎的な教養を高めるために欠かせない4つのジャンルを紹介しよう。ビジネスパーソンならいわれなくてもビジネス書は読むだろうから、それ以外のジャンルについて述べていく。

ビジネスパーソン必読のジャンル1——生物学

始めに挙げるのは生物学。ビジネスと生物学は直接的には結びつかないが、企業もまた生き物といえる。

企業は生き物と同じように環境の変化に適応して進化しないと生き残れない。環境変化になす術を持たない企業は恐竜のように滅び、市場から退場しなくてはならない。企業が存立しているビジネスの社会もまた環境変化にうまく対応できる者だけが生き残れる「適者生存」が基本ルールなのだ。

適者生存という言葉ほど、経営者がその胸に刻んで忘れてはならない言葉はない。企業はつねに環境変化に敏感でなくてはならないし、その環境変化に合うように自分を作り変えていかないと生き残っていけない。

あとで改めて詳しく触れるが、私は進化論を唱えたチャールズ・ダーウィンの古典『種の起源』は全ビジネスパーソン必読の書だと思っている。適者生存による進化論を唱えたダーウィンは、本人はそんなふうに思っていないだろうが、世界で最初の経営学者だと私は考えている。

たとえば、アメリカに本拠を置く多国籍企業ＩＢＭは、環境に応じて進化を続けている典型的な存在といえる。

ＩＢＭとは「インターナショナル・ビジネス・マシンズ」の頭文字をとったもの。草創期にはパソコンの祖先にあたる「パンチカード」によるデータ処理器を開発し、のちに汎用のメインフレームマシンを作るようになる。

ところが世の中はアップルコンピュータ（現アップル）の登場でメインフレームからパソコンの時代になり、一時は莫大な損出を出してしまった。

しかし、そこからＩＢＭはハードウェア中心のビジネスからソフトウェア中心のビジネスに大転換した。パソコン事業も中国企業へ売却して、ＩＴコンサルティングを中心とするビジネスソリューションやネットワークビジネス、クラウドコンピューティングを中心とする企業へと変貌して高い利益を上げている。

日本では東レという企業がＩＢＭのように環境に応じて進化を続けている典型的な存在だ。東レの旧社名は「東洋レーヨン」。もともとは絹に代わる素材としてストッキングなどに使うレーヨンを生産していたが、いまでは世界一の炭素繊維メーカーとして知られている。

炭素繊維は鉄の４分の１の軽さなのに、強度を比重で割って計算すると鉄のおよそ10倍の強さがある。東レの炭素繊維は産業のあらゆる分野で使われており、最新のボーイング７８７を始め世界中の旅客機に用いられており、いまこの瞬間もどこかの空を飛んでいる。ずっとレーヨンばかりを作り続けていたら、東レはとっくの昔に倒産していたはずだ。

ヨーロッパには「最高の処世術は、妥協することなしに、適応することである」という言葉がある。私はこの言葉が大好きだが、妥協することなしに、適応することの重要性を生物学はとっくの昔に教えてくれていたのだ。

ビジネスパーソン必読のジャンル2——歴史

世の中はものすごいスピードで変わっていく。この先、ビジネスを巡る環境がどう変わるのかが気になるところだが、未来だけを見ていても物事はわからない。

世の中というのは、俯瞰してみると同じようなことを繰り返している。古代ローマの歴史家クルティウス・ルフスがいったように、まさに「歴史は繰り返す」のだから、未来を知るには振り返って過去から学ぶのが近道なのだ。

ビジネスパーソンにとって歴史書は、〝生きた教科書〟といえる。

資本主義には必ず「好況」と「不況」という2つの側面がある。ずっと好況が続くことはないし、ずっと不況が続くこともない。資本主義における好況と不況は、一定のサイクルで波を描くように繰り返されているわけだ。

不況に陥ると多くの企業は生産設備を縮小したり破棄したり、さらには社員をリストラしたりする。その結果、供給量がうんと少なくなっていく。

いずれ潮目が変わって需要が膨らんでくると、企業は新たな設備投資をして社員を雇い入れて供給を増やすようになり、やがて好況の波がやってくる。好況と不況はまさに「禍福は糾《あざな》える縄の如し（災いと幸福は縄をより合わせるように入れかわり変転する）」といえる。

ただ経済は好況から不況に入り、不況から好況に戻るという意味では循環的だが、単純に循環しているわけではない。起業家のイノベーションが原動力となり、螺旋《らせん》を描きながら高度に進化していく。そこには進化論に通じるところがあるから、過去から学ぶときは歴史と生物学という複眼的な視点が欠かせない。

ビジネスパーソン必読のジャンル3——軍事学

抜かさず習得してほしいのは軍事学だ。

平和ボケした日本で軍事学は学問の傍流に追いやられているのが現実だが、経営学における組織論やマーケティング論には、軍事学に由来するものが少なくない。

「企業戦略」という言葉があるが、戦略（英語ではStrategy）とは元来、軍事用語。同じく戦術（英語ではTactics）も軍事用語である。市場という戦場でライバルとなる敵対企業と戦う企業経営は、軍事戦略・戦術の運用に通じるところが多いのだ。

実際、世界最大の軍事大国アメリカでは、軍人からビジネス界へ転身する人が多い。アメリカのメリーランド州アナポリスにある海軍兵学校（通称アナポリス）は、アメリカ海軍およびアメリカ海兵隊の士官学校である。アナポリスを出て任官すると少尉になり、大尉となって1年ほど勤めると除隊しても授業料を返還しないで済むという仕組みがあるから、大尉1年目ほどで除隊して、その後ビジネス・スクールに入る人が大勢いるのだ。

かつて私が留学しているときにハーバード・ビジネス・スクールでアナポリス出身の友人たちの話を聞いたことがあるが、彼らはビジネス界からやってきて経営や経済の基礎を学んでいるはずの私たちよりも「勉強は楽だ」と口々にいっていた。

なぜなら彼らはアナポリスで軍事学を学んでいるから。それくらい軍事学と経営学には通じるところが多いということの証だ。もっとも彼らは、アナポリスよりビジネススクールのほうがキツいともいっていた。

そう考えると生物学、歴史、軍事学の3つはまさに三位一体であり、これら3つのジャンルを網羅して初めてビジネスや経営学が理解できるといえる。

生物学、歴史、軍事学を読書で学んでいる人と学んでいない人とでは、同じビジネス書を読んでも理解の深さがまったく異なるだろう。

そもそも生物学と歴史には2000年以上、最も有名な兵法書である中国の『孫子』は春秋時代には成立していたと考えられているから、軍事学は2500年以上の歴史がある。

それに対して経営学は正式な学問としてはまだ100年ほどの歴史しかない。そのため、過去の学問に学びながら学問としての骨格を作ってきたという事情がある。

こうしたことからわかるように、経営について深く知ろうとするなら、現代のマーケティングや経営学の本を読むだけではなく、生物学、歴史、軍事学を読書で学ぶ必要があるのだ。

ビジネスパーソン必読のジャンル4――哲学

ビジネスパーソンにぜひ読んでもらいたいジャンルが、もうひとつある。それは哲学書だ。

意外に思われるかもしれないが、欧米のエグゼクティブは必ずといっていいほど、なんらかの形で哲学を学んでいる。その理由を説明しよう。

ビジネスは突き詰めると「選択の繰り返し」といえる。ある道を信じて進むと、どこかで分岐点にぶつかる。分岐点で右へいくべきか、あるいは左へいくべきかを悩み、意を決してその道を進むと、ほどなく次の分岐点にぶつかる。ビジネスも、人生そのものも、こうした選択の連続であり、どこかで進む道を間違えると、意に反する目的地にたどり着く羽目になる。

占い師でも神様でもない身の上だから、誰しも目の前の選択が将来をどう変えるか、確実に予測することはできない。だから分岐点での選択には、どんな結果になってもそれを自らすすんで受け入れる覚悟のようなものが求められる。

その覚悟を作ってくれるのが哲学なのだ。

哲学とはシンプルにいうなら、「人間について深く知り、どう生きるべきかを徹底的に考える学問」である。だが、人間とはなにか、どう生きるべきかという根源的な問いに、数学の方程式を解いたときのような唯一絶対の明確な答えはない。

絶対的な答えがないことをあえて考えるのが哲学であり、哲学書の学びを介して答えのないものを考える訓練を重ねているとビジネス上の選択にも役立つのである。

哲学はゲーム理論的なアプローチをするわけではないから、分岐点での最適の解を導いてくれるわけではない。目先の損得に囚《とら》われていると「あのとき、あっちの道を選んだほうが有利だったかも。失敗したな……」などとクヨクヨするが、哲学を学んでいれば「大事なのは、この道を選んだ後にどう生きるかだ」と頭を切り替えて次の分岐点に自信を持って向かうことができる。

将来リーダーになりたいなら哲学を学びなさい

哲学はリーダーを育てる学問でもある。

リーダーの役割とは、なんらかの岐路に立ったとき、「こっちにいくぞ！」と決断することに尽きる。その背中についていくのが、その他大勢の部下。その意味では、部下とは「リーダーが決めたことに従う人たち」と定義することができる。

リーダーとはいえ、分岐点でどちらの道を選べばどういう結果になるかは事前にはわからない。わからないことを決めるときには哲学的な思考が要るし、リーダーに哲学がないと部下たちは黙ってついてきてくれない。

私には政治家、経営者、文化人に大勢の友人がいるが、ジャンルを問わず各分野のリーダーになっている人にはみんな哲学がある。話していると「この人は哲学書から学んでいる部分が相当あるな」と感じることが多いのだ。

ヨーロッパでは、とくにその傾向が強い。イギリスのオックスブリッジ出身者はエリートの典型であり、あらゆる領域で国を引っ張るリーダーになっているが、彼らは単に勉強ができるだけではない。哲学も語れるし、スポーツにも長け、芸術面にも秀でている人が多い。

一緒にテニスをしてもゴルフをしても玄人はだしだし、晩飯を食ってそのあとブランデーを飲みながら話をしていると、会話がかなり哲学的になったりする。

「ヨーロッパの騎士道と日本の武士道はどこがどう違うのか」といった知的な会話の応酬が続いているかと思うと、場を和ませるために「では、ここで１曲」とさっと立ち上がってグランドピアノに向かい、慣れた手つきでバッハやモーツァルトを弾き出したりする。

テニスやゴルフやピアノをこれから習得するのは大変だが、哲学なら読書でいまからでも学べる。国際社会で欧米のエグゼクティブと腹を割った話をしようと思ったら、語学力は元より哲学の素養は欠かせない。

とはいえ、哲学はストレートかつ明確に効いてくるわけではない。巷に氾濫しているビジネス関連のハウトゥー書が喧伝する効き方は、いかがわしいサプリメントのようなもの。足りないものを補うとたちまち肌がツルツルになったり、関節の痛みがウソのように軽くなったりすると騙《だま》しているようなものであり、いかなるハウトゥーにも実際はそのような即効性はない。もちろん哲学書にも短期的な効果は期待できない。

健康維持にも美容にも、サプリメントに飛びつく前に食生活の改善が欠かせないが、この食生活の改善に当たるのが哲学書による学びなのだ。即効性はないけれど、後でじんわりと確実に効いてくる。

その場では具体的に哲学のなにがどう役に立ったのかは明確ではないかもしれないが、あとから振り返ってみて「あれは哲学の素養があったからできた決断だ」とわかってくる類の効き方である。哲学には腰を据えて向き合ってほしい。

第4章

読書をすると運がよくなる

ここまで読書の効用やビジネスパーソン必読のジャンルを紹介してきたが、本章ではその番外編ともいえる、さらなる効用を挙げてみたい。

読書をすると運がよくなり、肝心の場面で第六感が働くようになるのだ。「そんなバカな」と眉に唾をつけないで、しばらく黙ってページをめくってほしい。

すべては運、運が決める

私はこれまでの人生でいろいろな場面に出くわして、いまつくづく思うことがある。人生では遺伝的素因も環境因子も重要だが、ここぞという局面で最も大切になってくるのは「運」ということだ。

ベンチャービジネスにとり組んでいる若い起業家とこんな会話を交わすことがある。

「堀さん、ベンチャービジネスで一番大事なものはなんですか？」

「君は本当に一番大事なことを聞きたいのか？」

「はい、ぜひ聞きたいです！」

「教えてあげてもいいけれど、君はガッカリするかもしれないぞ。それでも聞きたい？」

「はい、聞きたいです、お願いします！」

「じゃあ、教えよう。すべては運、運が決めるんだよ。商売で一番大事なことは、技術でも商品でも人脈でもなんでもないんだよ！」

そんなふうに素直に私が告白すると、事前にガッカリしないと誓っていたとしても、だいたいみんな深く落胆の表情を浮かべる。

でも、考えてみてほしい。たとえば、昔ダッコちゃんやフラフープといった玩具がバカ売れしたが、だからといってダッコちゃんやフラフープをいま売っても売れないだろう。

同様にいま流行しているスマホゲームのアプリを５年前に出しても恐らく売れなかっただろうし、５年後に出してもやはり売れないだろう。

ダッコちゃんもフラフープもスマホゲームも、企業側が「いまこそがベストタイミングだ！」と狙いすましてマーケットに出しているわけではない。出したら、たまたま売れただけ。

すべては結果論、実態は突き詰めると運任せなのである。

我が師ブルース・ヘンダーソンとの出会い

企業経営にとっては、運がなによりも大切――このことを私に教えてくれた人物は、故ブルース・ヘンダーソンである。

彼はボストンコンサルティンググループ（ＢＣＧ）の創業者であり、「戦略コンサルティング」という概念を初めて提唱。経営コンサルタントの世界に一種の革命を起こした風雲児であり、私の人生の師のひとりである。

ブルース・ヘンダーソンが編み出した「戦略コンサルティング」は２つの案件の成功によってビジネスの世界に広く知られていた。

ひとつは、世界的な半導体の開発・製造企業であるテキサス・インスツルメンツが、それまでの高級な電卓の販売から、その時代の常識では考えられない安価な電卓を販売する戦略をとって大成功を収めた案件。これはＢＣＧが編み出した「経験曲線」をベースにしていた。この曲線は、累積生産量が倍になるとコストが一定の比率で下がることを示しており、通常は20～30％下がる。

もうひとつは、巨大化学メーカー・デュポンの案件。多角化で商品群が増えすぎていたデュポンに対してＰＰＭ（プロダクト・ポートフォリオ・マネジメント）という分析法でビジネスの絞り込みを行い、経営資源の最適配分で成長分野への集中投資を可能にした。経験曲線もＰＰＭも、いまでこそコンサルティングの古典的な手法となっているが、それを初めて生み出したのはＢＣＧなのだ。

その偉大なるブルース・ヘンダーソンは、経営戦略の重要性について私が問うと密かにこう教えてくれた。

「もちろん企業経営にとって戦略は極めて重要なものである。しかし最重要ではない。最も大切なのは運である。しかし、これは人に教えるな」

成功の条件は「運」と「愛嬌」

あとで触れるように、私は30代で経営コンサルタントへの転職を考えたが、そのとき最初に声をかけてくれたのはＢＣＧではなく、同じくアメリカのボストンに拠点を置くコンサルティング会社ベイン・アンド・カンパニーだった。これはＢＣＧ出身のビル・ベインが設立したコンサルティング・ファームである。

ビル・ベインから「東京に事務所をつくるから、そこのヘッドになってもらいたい」と直接口説かれ、私も内心そうしようと考えていたのだが、そんなときにハーバード時代の日本人の友人から久しぶりに連絡があった。偶然彼もそれまで勤めていた銀行を辞めてＢＣＧというコンサルティング会社に転職することになったと告げられた。

それは奇遇だと思ったのだが、その友人から「来日中の創業者と焼肉を食うことになっているのだが、英語でのフリートークは苦手だし、２人だけでサシだと気が重たくなるからつき合ってほしい」と頼まれた。

そこで出会ったのがブルース・ヘンダーソンであり、その席で私に興味を持ってくれたブルースの肝いりで、私はベイン・アンド・カンパニーではなくＢＣＧへ転職する運びとなった。

運が大事だといっているのはブルースだけではない。かつて「経営の神様」と崇められた松下電器産業（現パナソニック）創業者の松下幸之助さんも「成功の条件は運と愛嬌」とおっしゃっている。運があれば大概のことはうまくいくが、運がないと相当努力しても大概のことはあえなく失敗に終わる。ところが困ったことに、この運ばかりは１００％確実につかむ方法がない。

何事にも重要な運をキャッチする確かな方法がないと聞いたら「努力なんて金輪際やめた！」と無為無策で世の中に流される生き方を選ぶ人が大半だろう。

でも、運をつかみとる方法がないとしたら、次善の策としてせめて自分にやれることを地道にやろうとコツコツ努力するタイプもいる。その姿を見た人は「頑張っているあいつにチャンスやろう」と思ってくれる。それが思わぬ運につながるのだ。

地道に努力していれば運が巡ってくる

野球の選手でいえば、誰よりも遅くまでグラウンドで素振りを繰り返していたら、それを秘かに見ていた2軍の監督は、１軍で想定外の故障をした選手が出たときなどに、その選手の１軍昇格を推薦しようとするだろう。

すると１軍の監督も、５対０で負けているゲームの9回裏2アウトくらいには、「ピンチヒッターで思い切りバットを振ってこい」とチャンスをくれるかもしれない。

多くの観客は遅い時間になって勝負がほぼついていると思って、すでにスタジアムを後にしているかもしれないし、全国ネットのテレビ中継だって終わっているかもしれない。しかし、チャンスをもらった選手にとって、そんなことは関係ない。

そこで見事にヒットを打つか、ヒットが出なかったとしてもいいスイングをすれば、もう1回使ってもらえる可能性がある。2回目、3回目のチャンスをもらっているうちに首脳陣を唸らせるようなバッティングができたら、1軍で定着できるバッターに成長していく可能性だってある。

このバッターの成功の源泉はなにか。それは誰よりも遅くまでグラウンドに残り、あたりが暗くなっても必死にバットを振っていたという地道な努力に他ならない。だからといって暗くなるまでバットを振っていれば、全員が全員1軍に上げてもらい、活躍できるという保証はない。それこそ運が左右する世界だが、運を確実に引き込む方法が発見されていない以上、地道に努力するしかない。

読書はビジネスパーソンにとっての素振り

野球の喩えが多いのは、オリックスの宮内さんと懇意にさせてもらっている関係で、プロ野球パ・リーグのオリックス・バファローズの「オーナー顧問」を務めているからだ。

オリックスの２軍の練習場にはちょくちょく顔を出しているが、ある２軍のマネージャーとこんな会話を交わしたことがある。

「あなたは昔、なにをやっていたのですか？」

「恥ずかしながら野球の選手でした」

「そうでしたか。そうとは知らず、失礼しました」

「ご存知なくて当然です。オリックスに８年ほどお世話になり、ポジションはキャッチャーだったのですが、１軍の試合にはほとんど出ていませんでしたし、１軍の試合ではヒットを１本しか打っていません」

そのマネージャーは１軍の試合でヒットを１本しか打たなかったかもしれないけど、２軍のマネージャーという重要な仕事を任されてきちんと給料がもらえているのは、出場の機会が少なくても腐らずに努力を続けている姿を球団関係者の誰かがどこかで見ていたからだろう。

真面目に努力していれば、誰でも４番バッターになれるわけではない。世の中はそんなに甘くないが、少なくとも努力をしていればチャンスが訪れる確率は高まる。それをモノにできるかどうかもまた運である。

運をつかみとるための日常的な努力が野球選手にとっての素振りだとするならば、ビジネスパーソンにとっての素振りは読書に他ならないのだ。

失敗するリスクを下げられる

読書を通じて教養を磨いて自分なりの哲学を養っておくと、年上の人が可愛がってくれる。するとプロ野球の2軍の監督に目をかけられた野球選手が思わぬ出場機会を得るように、ビジネス上のチャンスをつかめる日もやってくるだろう。

私のような立場の人間が「ビジネスの成否を決めるのはすべて運である」といい切ってしまうと、次に出てくるのは「では、コンサルタントはどうやってその大事な運気を上げてくれるのか」といういささか意地悪な質問だろう。

けれど、その問いに対する明快な答えを私は持っている。

「こうやれば絶対に成功する」と断言するコンサルタントがいたとしたら、それは占い師か詐欺師だということ。絶対に成功する方法を教えることとは、未来が見通せる神様でもない限り不可能なのである。

しかし、名コンサルタントは「それは絶対に失敗しますよ」ということはいえる。野村克也さんがいうように「勝ちに不思議の勝ちあり、負けに不思議の負けなし」だから、過去の間接体験から「それはこういう理屈で失敗するから、やってはいけません」とアドバイスできる。

「こういうことをすると誰でも確実に失敗する」というものを片っ端から避けていると、それだけ成功の確率が上がる。コンサルタントにできるのは絶対確実な成功の方法を教えることではなく、失敗する確率を下げて成功確率を上げることなのだ。

第六感が働くようになる

ビジネスは選択の繰り返しだという話をしたが、人生の節目でも右にいこうか、それとも左にいこうか、いずれを選ぶべきかの決断を迫られる場合がある。

どんな選択が自分にとって最良なのかは、神ならぬ身にわかるはずもない。でも人生とは、神ならぬ身でわからないことに決断を迫られる場面の連続なのである。

いまは終身雇用が廃れて転職が自由になってきたけれど、かつては学校を卒業して入った会社に定年まで勤め続けるのが普通だった。

勇気を出して辞めたとしても中途で採ってくれる会社がほとんどないのだから仕方がない。すると一生モノの会社を選ぼうとするわけだが、就職するときはその業界についてては無知だし、会社の内実までわかったうえで就職先を選ぶ人は皆無。つまり、勘で選ぶ他ないのだ。

現在では転職もある程度の年齢までは自由になっているが、就職するまで会社の内実がわからない点では昔と変わらない。

結婚だって100人の女性とつき合い、酸いも甘いもわかったうえで運命の人と出会って結婚するというパターンは希有だろう。さすがに初めてつき合った女性と結婚するというのは少数派かもしれないが、大半は何人かの女性とつき合った末に、勢いで清水の舞台から飛び降りる気持ちで結婚する。

その結果、日本では3組に1組は離婚しているという。それでもまだいいほうで、アメリカでは2組に1組が離婚しているというデータもある。

転職を繰り返した果てに最終的に理想の職場を見つける人もいるだろうし、離婚を何度もして最後の最後で最高の伴侶に出会うことだってあるかもしれないが、それはレアケースだろう。

仕事でも結婚のようなプライベートでも、一大決心をするときには判断材料がなく、限られた情報だけで乾坤一擲《けんこんいってき》、運を天に任せた勝負に出ないといけないシーンは結構ある。そこで頼りになるのは第六感しかないのだが、その勘の背景にあるのも、読書を通じて長い時間をかけて養ってきたその人の教養だと私は思っている。

背後に豊かな教養がある勘は第六感だが、後ろ盾も根拠もなにもない勘は単なる山勘で失敗するリスクもかなり高い。

教養に裏づけられた第六感が決して間違えないわけではないけれど、名コンサルタントが失敗リスクを下げてくれるように、人生で何度か訪れる決断のときに失敗する確率が低くはなる。

それは人生を楽しく充実したものにする一助に違いないのである。

第5章

今日から始める〈堀式〉読書術

読書をする利点を頭に入れてもらったところで、ここでは本を読むのが苦手な人でも読書が身につく実践的なテクニックについて紹介しよう。

若い世代は年100冊、それ以外の人は年50冊を目標に

何事も目標は明快な方がやる気が出てくる。読書に関しても1年間で読破する冊数を決めると、本を読むモチベーションも高まるだろう。

学生と30歳までの若いビジネスパーソンに関しては、年間１００冊は読まなくてはならないと思う。

若い頃は時間も比較的自由であり、生涯で最も本が読める。そこで年間１００冊も本を読まないと「少年老いやすく学成り難し」でろくな大人になれない。「学成り難し」ではなく「学成らず」で終わるのが関の山なのだ。

若い世代が電車でスマートフォン（スマホ）のゲームに夢中になっているのを見ると、なんともったいない時間の使い方をしているのだろうと呆れてしまう。知人にそうこぼしたら「いやいや、堀さんはそうおっしゃるけれど、必ずしもそうではありま

せん。パチンコ、パチスロの代わりにスマホでゲームをやっているのだから、お金の節約になるし、タバコの煙がない分、健康的なものです」と教えてくれた。

でも、パチンコもパチスロもスマホゲームも時間の無駄使いであるという点ではなんら違いはないのではないか。時間を無駄に使い、輝かしい将来をドブに捨てているようなものだ。

30代になると仕事も忙しくなる。年１００冊読もうと思うとちょっと努力が要るが、年50冊ならいけるだろう。30代以降も年50冊を最低ラインとしてほしい。

細切れの時間を活用

読書の習慣がない人には、年50冊、１００冊の本を読むのは大変なことのように思えるかもしれない。だが、それは未経験者特有の誤解だ。

私のまわりの若い人たちに読書をすすめると、「忙しくて本を読む時間がありません」という答えが返ってくることもあるが、それはヘタな言い訳にすぎない。本を読む時間は、いくらでも生み出せるはずだ。

読書が身についていないと、本というものはある程度のまとまった時間を確保して、腰を落ち着けて一気に読むものだと思い込みがちだ。そう考えてしまうから平日は本を読む時間がないように思えるのかもしれない。でも、細切れの時間ならどうだろう。ちゃんと考えてみると、結構時間はあるものだとわかるだろう。

細切れの時間で、本はいくらでも読める。実際、私はいまでも年100冊以上の本を読んでいるが、読書の大半は細切れの時間にしている。

私はどこへいくにも、カバンのなかに2、3冊の本を忍ばせている。そして移動中、細切れの時間を見つけては本を読んでいる。起床後、就寝前、移動中、打ち合わせが始まるまでのちょっとした時間……。1日のなかで本が読めないタイミングを探すのが難しいくらいだ。

そういう半端な時間をつなぎ合わせるだけで、読書のための時間をまとめて設けなくても1日20ページくらいは読めてしまう。

あとは週末に少し時間を見つけて本を開くクセをつけておけば、週1冊はラクに読めるから、年50冊の読破なんていとも簡単なのである。

電車でスマホゲームに夢中になったり、無料通話アプリで友達同士のやりとりに没頭したりする暇があったら、その時間を読書にあてるだけでも、本を読む時間は生まれるものだ。

「忙しい」をいい訳にしない

サッカーのゲームにおいて、キックオフ直前に雨が降ってピッチが滑りやすくなったとしても、プロフェッショナルはそれを敗戦のいい訳にはしない。

ピッチが滑りやすいという条件は、相手チームも同じなのだ。サッカー選手に限らず、真のプロというものはいい訳を一切しないものである。

ビジネスパーソンでも１日は誰もが24時間であり、多少の差こそあれ、つねに目の前の仕事で追われているという条件は同じなのだから、「忙しくて本が読めない」といっているうちはプロとは呼べない。

考えてみるとビジネスとは、１日のなかでどうやって有効な時間をひねり出すかの知恵比べをしているようなもの。「忙しい」が口癖になっているタイプは、その知恵がないと自ら白状しているようなものである。そもそも「忙しい」なんていっているヤツに限って、たいして仕事をしていないことが多いものだ。

私の経験からすると、細切れの時間がうまく活用できるようになれば、少々手強い本でも3、4日あれば読めてしまう。本書のような新書なら1日あれば1冊読めるだろうし、移動時間が長い出張時なら手強い本でも1日で読了できるはずだ。

これから自宅を出るときに最低1冊の本を忘れずにカバンに入れて出かけるようにしてほしい。

いつでも本を持ち歩いて、細切れの時間に本を読む習慣が身についてくると、人生に好循環が起こってくる。

読書は間接学習で学習歴を広げてくれるから、本から知恵をどんどん吸収していると仕事力はおのずと向上する。同じタスクをより短時間に効率的にこなせるようになるから、時間に余裕が生まれる。細切れでも本を読む時間が増えてくるから、さらに知恵が身について仕事力が上がるという好循環が生まれるのだ。

逆に本を持ち歩いて細切れの時間に読む習慣がないと、仕事力はいつまでたっても向上しないだろう。だから必然的に毎日時間に追われるような生活となり、本を読むゆとりもなくなってくる。そして同じタスクをこなす能力は読書を習慣化したライバルよりも一枚も二枚も落ちるから、キャリアアップも望めなくなる。

果たしてあなたはどちらを選ぶだろうか。一度きりの人生を楽しむには、明らかに選ぶべきは前者であることはいうまでもない。

「累積経験値」を引き上げる

週1冊のペースで年50冊の本を読んでいる人とまったく読書をしない人の間では、教養に歴然とした差が生まれる。

1、2冊では目に見える差は生まれないが、まさに塵も積もれば山となる。5年で２５０冊、10年で５００冊、20年で１０００冊となると、本を読んでいる人といない人の差は歴然たるものになるのだ。

マーケティングの世界では「クリティカルマス」という考え方がある。１９６２年、アメリカの社会学者エベレット・M・ロジャースが提唱した概念だ。

横軸に時間をとり、縦軸に商品やサービスの普及率をとると、普通は単純な右肩上がりの直線を描くと連想するだろう。ところが、実際にはクリティカルマスと呼ばれるポイント（通常は市場の16％ほどだといわれている）を超えるまではカーブは横ばいに近いのだが、そこを超えると急カーブを描いて普及率がアップする。

実は読書も同じなのだ。１、２冊ではなんの違いもなかったものが、それが５００、７５０、１０００冊と読書の「累積経験値」が上がってくると、あるとき静かにクリティカルマスを超える。そこから急カーブを描いて仕事のパフォーマンスが上がるのだ。そこからは読書をしない人との差が急激に開いてくる。

仕事だけではない。累積経験値を上げると教養が身について、人間としての魅力が根本的に変わってくるだろう。

読書の重要性を頭に叩き込む

閏年《うるうどし》を除くと1年は３６５日である。それなのに年１００冊以上の本を読んでいる人もいれば、なかには1冊も読まない人もいる。その差はどこからくるかというと、第一に人生の価値を決める読書の重要性を理解しているかどうかにある。

いくら仕事が忙しいからといっても、愛する恋人とのデートをすっぽかしたりしないだろう。なんとか時間を捻出して少しでも会いたいと思うのが人情である。

もしデートの時間を積極的に捻出する気がないとしたら、きっとその恋人を本気で愛していないのだ。同様に「忙しくて本を読む時間がない」といい訳をするタイプは、本書がこれまで強調してきた読書の重要性をきちんと認識していないのである。

試験や資格試験のような「戦時の勉強法」なら読書の有効性は理解しやすいから、参考書や解説書を読まないで試験を受ける人はいない。

ところが、教養を磨いて一流人になるための読書は「平時の勉強法」に入る。具体的かつ短期的なゴールの設定がないし、5年、10年、15年という長いスパンで効用を評価しなくてはならない。

重要なのは累積経験値だから、本を多少読んだからといって1年や2年で教養がみるみるついてくるという上手い話ではない。要は結果が出るのに時間がかかるというわけだ。

その点を理解したうえで、読書の大切さを頭に入れておかないと「忙しくて本を読む時間がない」といったいい訳を平気な顔でしてしまうことになる。

目の前の仕事に追われているといつの間にか視野が狭くなるものだが、本を読むことよりも大切な仕事がそうそうあるとは私には思えない。

「私たちの身体は食べたものでできている」という言葉があるが、ビジネスパーソンの仕事力は読書で培われるというのが私の持論だ。

フランスの美食家ブリア＝サヴァランは「普段なにを食べているかを教えてくれたら、あなたがどんな人かをいってみせよう」と書いたが、同様にどんな本を読んでいるかはビジネスパーソンとしての能力、あるいはひとりの人間としての価値を静かに物語る。

そうだとするならば、いまある仕事に追われて読書する時間を削っているとすると、未来の自分の可能性をみすみす殺しているようなもの。読書の効用は1、2年といった短いスパンで効いてくるものではないからこそ、5年、10年、20年後の自分のために、いま本を読むべきなのだ。

キャリアアップを考えているならなおさらである。

「4：3：3の法則」で読書する

年50冊、100冊といった具体的な数値目標を定めたとしたら、次に設定すべきなのはその中身、どのような本を読むかである。

どういう種類の本を読むべきかは、その人の置かれた立場によっても変わってくる。仮にビジネスパーソンの読書を前提にすると、私は「4：3：3」というバランスがよいと思っている。つまり「ビジネス書40％、小説30％、その他30％」ということである。

ビジネスパーソンだから、読書の柱になってくるのはビジネス書だ。しかし、自慢話とサル知恵が詰まったハウトゥー本はいくら読んでも百害あって一理なし。貴重な時間を浪費するだけで終わる可能性大である。

ハウトゥー本は大学受験の問題集のように即物的で近視眼的であり、短期的な「戦時の勉強法」にはなんらかの役に立つかもしれないが、教養を磨くための読書とは一線を画す。もしも読みたいなら、その分は年50冊、100冊のうちにカウントしないようにしてほしい。

私のいうビジネス書とは、経済、経営、マーケティングといった各分野の専門家たちが書いた本のことだ。手前味噌だが、私が書いた本もそこに加えてもらえると、きっと得るところがあると思う。

年100冊ならその40%は40冊、50冊ならその40%は年20冊。月2、3冊はビジネス書を読むイメージである。

「ビジネスパーソンなのだから、主戦場であるビジネス書が全体の半分以下というのは少なすぎるのではないか?」という疑問を持つ人がいるかもしれない。しかし、ある程度読むとわかってくるのだが、ビジネス書はタイトルや著者は違っていても、実のところ同じような内容が書いてあるケースが大半なのだ。だから、ビジネスパーソンでも全体の40%でいいと私は思っている。

残りの60%は小説が30%、その他が30%という割合で読んでほしい。

ビジネスパーソンに小説をすすめると意外な顔をされることもあるが、ビジネス書ばかり読んでいると少々頭が硬くなってくるし、やや難しいところもあるだろうから、背すじを伸ばして集中して読まないといけない。

小難しいビジネス書を気楽に読める胆力があれば、それはそれでたいしたものだが、多くの若い世代はビジネス書ばかりではどうしても鯱《しゃちほこ》張《ば》ってしまうだろう。読書には気分転換の効用もあるから、肩の力を抜いて読める小説も読むべきなのだ。

そうはいっても、小説は単なる気分転換の道具ではない。再三触れているように小説を読むと語彙やいいまわしが広がる。それがコミュニケーション力やストーリー構築力といった表現力の向上につながってくる。

先にビジネスパーソンに読んでほしいジャンルとして生物学、歴史、軍事学、哲学の４つを挙げた。これはその他の30％に入る。他にも、ノンフィクション、エッセイの類が入ってくる。

年１００冊ペースなら、小説とその他がそれぞれ30冊、50冊ペースならそれぞれ15冊である。月１、２冊といったところだから、細切れの時間の寄せ集めでも余裕で読破できるだろう。

ちょっと手強い本を読む方法

私は哲学書を読むことをすすめるが、読み慣れない人にとって哲学書は一筋縄ではいかないだろう。実際、手強い部分もある。もっとも、丁寧に読んでいけば、行間に含まれている意味もわかってくる。

世の中には速読のハウトゥー本が氾濫しているけれども、私は横着するのが大嫌いだ。人生で成功するのは何事にも丁寧な人であり、横着なタイプが人生で成功するというのは考えにくい。読書にもそのことはあてはまる。

繰り返しになるが、私は斜め読みも嫌いだ。横着して斜めに読んでいたら行間に込められた意味が読みとれるわけがない。即物的なハウトゥー本なら斜め読みでも構わないかもしれないが、私がすすめるような生物学、歴史、軍事学、哲学といった本は斜め読みをするくらいなら最初から手を出さないほうがいい。じっくりと丁寧に読んでほしいのだ。

哲学書に限らず、少しばかり手強いと思う本を読むときはとにかく丁寧に１ページずつ読んでいくしかない。

始めはひと口食べただけで降参した激辛ラーメンも何度か食べているうちにだんだん慣れてくるように、難しいと感じる本でも毎日のように少しずつ読んでいくと慣れてくる。その難しさに慣れるという面もあるだろうし、著者独自のいいまわしや表現に慣れてきて理解しやすくなるということもあるだろう。

ときには我慢することも大切

１００ページくらい我慢して読み進めていくと、いつの間にかクリティカルマスを超え、そこから先は霧が突然晴れたように内容がわかるようになってくる。だから、少し難しいと感じたからといって放り出すことなく、慣れるまで丁寧に読み続けることが大切になってくる。

それでも難しいと思ったら、いったん本を閉じて、同じ著者が書いたいちばん易しいレベルの本を読んでみる。それである程度、著者の思考に慣れてきたら、また戻って読んでみるとそのあとは面白いように頭に入ってくるだろう。新書など一般向けの解説本を読んでから、再チャレンジするという手もある。

小説でも、１ページ目から面白い小説もあれば、始めはつまらなくて「読むのをやめようかな」と思っているうちにエンジンがかかってきてグイグイ引き込まれる小説もある。だからすぐに結論を出さないで、しばらくは我慢して読んでみるべきだ。

本を読むときは興味の幅を横に広げるのではなく、同じテーマを縦に深く掘ったほうが理解は深まりやすい。小説でいうなら、ある作家に出会ったら、その作家の作品を徹底的に読み込んでいくという方法だ。

夏目漱石は『坊っちゃん』とか『吾輩は猫である』あたりは多くの人が読んでいるだろうが、『こゝろ』とか『明暗』まできちんと読んでいる人は案外少ない。でも、私は『こゝろ』や『明暗』にこそ漱石の本質が潜んでいるような気がする。

このようにお気に入りの著者の作品を深く掘ってずっと追いかけるのも悪くはないけれど、小説は書き手によって内容もその背景にある哲学もバラエティに富んでいる。限られたお気に入りの作家を追いかけるだけではなく、並行して古今東西のさまざまな作家の本を読んでいくのがよいと思う。そのなかで「これは!」と共感できてファンになる著者が増えるほど、教養に幅と深みが生まれてくるだろう。

読み終えた本は捨ててしまって構わない

私は読書は大好きだが、本の収集癖はない。生来モノを増やさない主義であり、読み終えた本はその場で容赦なく捨てていく。たとえば、新幹線や飛行機で出張に出かければ、片道で１冊は読み終えてしまうから、新幹線や飛行機を降りるときにゴミ箱に捨ててしまうのだ。

この習慣は、評論家の竹村健一さんの情報収集術に影響を受けている。

地方講演が多い竹村さんは、新幹線や飛行機に乗り込むときには週刊誌を２、３冊、英字新聞１紙、日本の新聞を３紙ほど紙袋に入れて持っていくという。紙袋に入れるという点が、外見にこだわらない竹村さんらしい。

そして読んでみて「これは面白い！」と思える情報に出合ったときには、そこだけちぎりとってポケットに入れ、残りは新幹線や飛行機を降りたらゴミ箱に入れて立ち去る。これは雑誌や新聞だけではなく、本にも応用できると思い、以来私は読み終えた本をその場で捨てる習慣がついた。

もったいないといわれたらそれまでだが、年１００冊ペースで読んでいると、本を持ち帰って置いておくスペースこそがもったいない。「また読みたい」と思った本は改めて買えば済む。重要だと思ったところはメモをとってもいいし、竹村さんのように切りとっておくという手もあるだろう。いまどきならスマートフォンで写真を撮ってしまえば事足りるのである。

効率を重んじる

よほど整理整頓が上手でない限り、読み終えた本を後生大事に保管していても再読することはほとんどない。

だとしたら、読み返したくなったらアマゾンで検索してもう一度買ったほうがよほど効率的なのだ。幸いにも日本では本の値段が総じて安く、アマゾンで中古本を頼むと実質は送料だけで手に入ることすらある。

人間とはこの世に生を受けて生まれた瞬間から、死に向かってひたすら邁進していく存在である。

私は「一切はなくなるためにあり、あらゆるものを捨ててゆくのが人生」という信条を持っている。だから私は本に限らず、仕事の書類も読み終えたらシュレッダーにかけて片っ端から処分するのが常なのだ。

一度読めば概略は頭に入っているし、いまどきはパソコンにデータが残っているから、必要になったらまたプリントアウトしてとり寄せれば済む。

「紙資源の無駄だ！」と指摘されたらなにもいい返せないのだが、いつでも脇に置いて読み返したいと思える本は手元に置いてあるから、一度捨てた本をもう一度とり寄せることはまずない。

同じように書類も一度でだいたい理解するようにしているので、二度手間で再プリントすることは滅多にない。

文庫本は日本の活字文化が生んだ宝石

愛情が人一倍深いがゆえに、私はいまの日本と日本人についての苦言がどうしても多くなるが、読書に関して日本が優れているところがひとつあると思う。それは「文庫本」の存在だ。

日本の文庫本の嚆矢《こうし》といえるのは、岩波書店の「岩波文庫」である。岩波文庫は古典の宝庫で読書家なら無視できない存在だが、その岩波文庫はドイツの「レクラム文庫」に範をとって１９２７年に誕生したもの。レクラム文庫とは、19世紀のドイツの物販人であるレクラムが創始したペーパーバックシリーズである。

日本の文庫本のルーツはヨーロッパにあるわけだが、いまではヨーロッパよりも日本のほうが文庫本の文化は発展しているといえるだろう。

これぞまさに和魂洋才の典型であり、ペーパーバックと比べて日本の文庫本は紙質もデザインも読みやすさも格段に優れている。

サイズも小さくて軽いから、ビジネスパーソンがカバンに忍ばせて細切れ時間に読書に励むには最適である。しかも単行本と比べると安いのだから、まさに文庫本サマサマなのだ。

コンパクトで経済的なだけではない。文庫本には他にも見逃せない大きなメリットがある。岩波文庫は古今東西の古典をメインに扱っているが、他の出版社の文庫本も基本的には単行本で良書と認められたものがより汎用性が高い文庫本となるケースが大半である。

最近では書き下ろし作品の文庫本も増えてきたようだが、一般的には単行本である程度評価を受けたものが文庫化されるという流れにある。売れる本がよい本だと短絡的なことはいわないが、少なくとも多くの支持者を得た本だとしたら、一読する価値はあるといえるだろう。

新書本の嚆矢も、文庫本と同じく岩波書店の「岩波新書」。１９３８年にスタートして、現在までの発行点数は２０００点を超えている。岩波だけでなく、いまでは大手出版社の大多数が新書本をシリーズ化している。

新書本は単行本と文庫本の中間的なポジショニングであり、ハンディで持ち運びに困らない。小説はさすがにラインナップにないが、ビジネス書からノンフィクション、哲学書まで、カバーしている領域は極めて広い。時事的なネタを雑誌やテレビよりも少し掘り下げてとり上げてくれるのも新書本のよいところだろう。

私は物書きでもある。文庫本や本書のような新書本は定価が安いため、それだけ単行本より１冊当たりの印税が安くなる。本当は単行本で読んでもらったほうが実入りはよいのだが、それはサプライヤーサイドの勝手ないい分であり、ユーザーサイドに立つと文庫本や新書本ほどありがたいものはない。

私自身はとくに文庫本のヘビーユーザーであり、カバンにはいつも文庫本が入っているし、海外へいくときにも必ず何冊か持っていく。こんなにありがたいものはないと思っている。

タイトルだけで売れる本に気をつけろ

書籍というのはどういうタイトルをつけるかで売れ行きがまるで変わる。

養老孟司さんの『バカの壁』という新書本は400万部を超える大ベストセラーになった。私はこの本が出る前から養老さんと縁があり、かねてから素晴らしい先生だと思っていたが、世間的に養老さんの名前が知れ渡ったのはこの本のおかげだろう。

読んでみると内容も確かにしっかりしているけれど、あれくらいの中身の本なら養老さんは過去に何冊も書いている。本人のネームバリューでも中身でもなく、あの本が大ベストセラーに化けた理由は『バカの壁』という刺激的なタイトルにある。

かくいう私もタイトルで戦略的に売ろうとしたことがある。中身に自信がないわけではないが、タイトルでどこまで売れゆきが伸びるかを試してみたくなったのだ。それを私は「ハコサキ作戦」と名づけた。この考え方は、ソースネクスト社の松田憲幸社長から教わった。

話を持っていったのは、古くからのつき合いがある出版社のPHP研究所。PHP

は松下電器産業（現パナソニック）の系列だから、出版社としては珍しく、かつての松下と同じように伝統的に営業が強い。

出版社の多くは編集部と営業部に頻繁な人事的交流はないが、ＰＨＰには「編集者も営業がわかるべき」という理念があり、他の出版社よりも極めて営業熱心である。社員が頻繁に書店をまわり、売り場を確保して1冊でも本を多く売ることに汗を流している会社であり、そういう姿勢を私は気に入ってずっとつき合ってきた。

そのＰＨＰで若いときから私の担当だった編集者に、「次はハコサキ作戦をやろう」と持ちかけた。

「堀さん、ハコザキってなんですか？」

「ハコザキって君、それは東京シティエアターミナルから成田空港へいくときにオレンジ色で表示されたバスに乗るところだろ。ハコザキではなくてハコサキだよ。中身より箱を先に決める作戦だよ」

「なるほど！　その心は？」

「うん、タイトルを先に決めて、文章は後から考えるということだ」

「それ、面白そうですね」

こういう会話があってハコサキ作戦で1冊だけ作った。それが『会社が放り出したい人 1億積んでもほしい人』という本である。

単行本で出したときは評判はそこそこで、増刷して3刷か4刷まで伸びたけれど、そこで終わってしまった。次にこれを文庫本にしたら、初刷は2万部くらいからスタートしたのだが、さほど大して動きがない。

ところが、PHPの営業部が横浜みなとみらい地区にある有隣堂という書店でこの文庫本がよく売れていることに気づいた。そこで営業担当が出向いて、店員に「堀紘一さんの『会社が放り出したい人 1億積んでもほしい人』がよく売れていますが、どんな人が買いにきているんですか？」と直に聞いてみたら、「うちではビジネスパーソンが結構買っていますよ」という答えが返ってきた。

それを聞きつけて、ビジネスパーソンが多く来店する東京駅近くの八重洲ブックセンターや日本橋の丸善などに営業担当が足を運び、「横浜の有隣堂では、この本がビジネス客に飛ぶように売れています。50冊くらいとり寄せて積んでおいてください」と頼んだところ、それからバカスカ売れるようになった。現在二十何刷で十数万部まで部数が伸びているはずだ。

養老さんの『バカの壁』も、私の『会社が放り出したい人　１億積んでもほしい人』も、悪い本ではないのだが、世の中には「ハコサキ作戦」でタイトルだけで売れているベストセラーも少なくない。売れている本がよい本とは限らないから、タイトルだけに騙されないようにしたい。これは単なる読書人ではなく、サプライヤーサイドの事情も知っている私からのアドバイスである。

ダメだと思ったら捨てる勇気を持つ

これは文庫本や新書本に限った話ではないけれど、50ページほど読んでみて「つまらない」とか「オレの役には立たない」と思ったら、そこで読むのを止めて処分したほうがいい。

１１１ページで「すぐにあきらめないで我慢して読むことも大切だ」というようなことを指南したから矛盾していると思われるかもしれない。

しかし、50ページほど読んでみても、つまらない、役に立たないと思いつつ、せっかく買ったのだからと読み進めるのは人生の損失である。さっさと処分して、気持ちを切り替えて次の本を読んだほうが得るところは多い。

読んでみて「よさげと思って読み始めたけど、タイトル倒れのハコサキ作戦に騙された！」と思ったら、迷わず燃えるゴミに捨ててしまおう。捨てるのが資源の無駄だと思うなら、ある程度まとまったところで古本屋さんに引きとってもらえばいい。

役に立たない本を読むのは、お金と時間の無駄だ。１日10時間、平日20日働くとするなら、月間労働時間は２００時間になる。仮に50万円の給料をもらっているとしたら、時給換算で２５００円。１冊の本を読み終えるのに2時間かかるとすると、役に立たない本を読む間に５０００円分をドブに捨てるようなものである。

文庫本なら数百円、単行本でも１０００円台から２０００円前後だろうから、天秤にかけるとお金も時間ももったいないのだ。

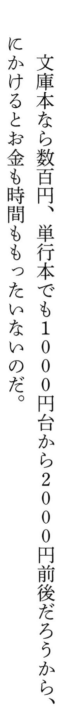

コミックは読書のうちに含めない

年50冊、１００冊という数字ばかりがひとり歩きをしてしまうと、その中身がおろそかになる可能性がある。年50冊、１００冊は社会人としてミニマムの読書量。少数精鋭であることが、絶対条件である。数字合わせのために、軽薄でくだらない本を読んでも、それはあなたの血肉にはならない。

したがって年50冊、１００冊にはコミックを含めないことにする。私のまわりにも作曲家の三枝成彰さんのようにコミックをたくさん読んでいる愛好家もいるが、私自身は独断と偏見でコミックは読書のうちには含めていない。

コミックやアニメは日本が誇る「クール・ジャパン」のキラーコンテンツなのだそうだが、コミックは純粋に楽しみのために読むものであり、教養を磨いて一流人となるのに役に立ったり、表現力を高める語彙やいいまわしのレベルアップにつながったりしないと私は考える。

読書のメンターを持て

日本では平均すると毎日２００冊以上の本が出版されている。タイトルだけに騙されないで、そこから自分に必要な本を選び出すにはどうしたらいいだろうか。

読書経験が相対的に少ない若い世代にとって、その助けになるのは読書におけるメンター（指導者）を持つことである。

私たちが若かった時代には、どこの大学や職場、あるいは趣味のサークルにも、人生経験豊富なお師匠さん的な存在、あるいは兄貴分みたいな存在がいて、メンターとして「こういう本を読んだほうがいい」とアドバイスをくれたものだ。

そして「2週間後に軽く1杯やりながら、読書感想会を開こうよ」などと誘ってくれるから、俄然その本が読みたくなってくる。そういうメンターがすすめてくれる本には、まず外れがなかった。

小説でいうなら、フレデリック・フォーサイスの諜報小説『オデッサ・ファイル』も、そういう兄貴分的な人にすすめられて読んだ本。フォーサイスの本は初めてだったが、読んで面白いと思ってそれからファンになってしまった。

メンターというと年上というイメージが強いかもしれないが、本をすすめてくれるのは年上だけではない。私もドリームインキュベータに勤める20歳ほど年下の社員から面白い本をすすめてもらったばかりだ。

ドリームインキュベータはベトナムのホーチミンにも拠点を置いている。私がその拠点への出張から帰ってきたら、1冊の本が机のうえに置いてあった。それは『ビルマ商人の日本訪問記』（連合出版）という本だった。ビルマとは、いまでいうミャンマーのことである。

私はこれまでベトナムに15、16回は出張しているが、近隣のミャンマーには一度もいったことがなかった。ところがミャンマーを初めて訪ねてみたところ、ミャンマー人の素晴らしさに感動した。

ミャンマーの人たちは真面目で働き者。気質が日本人にとても近い。それまでは日本人に気質が一番似ているのはベトナム人だと思っていたが、その考え方を改めたくらいだ。

ドリームインキュベータのベトナム拠点の責任者に「ミャンマー人は日本人と似ているね」といったら、「堀さん、それは当たっています。実はミャンマー人は東南アジアで唯一、日本人と同じモンゴロイドなのです」と興味深いことを教えてくれた。

すっかりミャンマーのファンになって日本に戻ってから「ミャンマーの人はいいよ」とあちこちでいいふらしていたら、それを聞きつけた社員が『ビルマ商人の日本訪問記』をすすめてくれたのだった。

原著は戦前の１９３６年に書かれたもの。ウ・フラという青年実業家が日本を訪れ、当時イギリスの植民地だった自国ビルマと比べながら、独立国日本の国情を克明に記している。昭和初期の日本の実情を伝える貴重な資料にもなっている。

日本で翻訳されて出版されたのは２００７年だが、おそらく初刷で終わって市場にはほとんど出まわらなかったと私は見ている。読んでみたら非常に面白い本でミャンマーへの理解も深まったのだが、社員が紹介してくれなかったら、おそらく私がこの本を手にとることはなかっただろう。

メンターの推薦本はオーダーメイド

私の若い頃とは違い、いまの時代は人間関係も結構ドライになったから、本をすすめてくれるメンター的な存在は減ってしまったかもしれない。だとしたら、いまの時代ならではの武器を使ってやればいい。

読書をしたら、その感想を積極的に発信してみよう。いまはフェイスブックやツイッターのようにいくらでも個人で自由に発信できるメディアがある。

リアルな人間関係がドライになっているからこそ、同じ趣味の仲間とのバーチャルなつながりを求めているから、そうしたメディアを通して同じ読書好きの仲間たちが自然に集まってくるだろう。彼らをメンターにすればよいのだ。

仲間同士で良書をすすめ合えば、面白くて役に立つ本に出合える確率がうんと高まるに違いない。

アマゾンのレビューを読んで本を選ぶのも悪くはないが、そこにはレビュアーの人生観や価値観によってバイアスがかかっている。

どんな意見でも少なからずバイアスはかかっているものだが、仲間うちなら「彼は戦国時代の歴史が好きでたんまり歴史書を読んでいるから、彼がすすめる戦国時代モノならきっと信用できる」という具合に推薦者の人間性や個性を踏まえて情報を取捨選択できるという大きなメリットがある。

スーツに喩えるなら、アマゾンのレビューがすすめる本はデパートの紳士服売り場で売っている既製服であり、一見よさげに見えたとしても袖を通してみると自分に合わないこともある。

その点、メンターがすすめてくれる本はオーダーメイドの仕立て服のようなもの。自分にフィットしていて外れが少ないのである。

第6章

読書の効果を高める工夫

「リーディング・アサインメント」をとり入れてみる

私は21歳のときに米メリーランド州立大学に留学し、その後、社会人になってからハーバード・ビジネス・スクールに留学した。この2回の留学体験で強烈に印象に残っているのが、アメリカの教育機関で盛んに行われている「リーディング・アサインメント」である。

アサインメントとは英語で〝宿題〟という意味がある。リーディング・アサインメントとは、授業を受ける学生に宿題としてあらかじめ読了が義務づけられている文献のことである。

授業にリーディング・アサインメントを用いるのは、欧米をはじめとする教育機関では極めて一般的な手法となっている。その証拠に世界最高峰のビジネス・スクールであるハーバードはもちろん、メリーランド州立大学のような地方大学でも当たり前のように行われていた。

私はメリーランド州立大学とハーバード・ビジネス・スクールで合計3年間リーデ

イング・アサインメントを経験したのだが、それによって地頭が相当鍛えられた。その経験は、私の一生モノの財産になっている。

20代、30代でこのリーディング・アサインメントを経験できたからこそ、私は40代、50代、60代になっても読書を通じて学習歴が広げられたのだと思っている。

英語がネイティブではないうえにリーディング・アサインメントを済ませておかなかったら授業にはまるでついていけないから、必死になって文献を読むようになり、それにつれて生来の読書力に磨きがかかったのだ。

アメリカの大学ではリーディング・アサインメントに指定される文献は、附属の図書館に学生の数だけ用意されている。それを借りて読めば、コストゼロで予習が完了する。

授業はリーディング・アサインメントを済ませたという前提ですすむので、読んでいないと授業に出ても意味がわからないから、せっかく時間を使ってもなにも学べないということになる。だから、教授たちに強くいわれなくても、学生たちは指定図書を必死になって読み込む。

日本でも夏休みなどに課題図書を指定する制度はあるが、読了後に義務づけられているのはせいぜい読書感想文の提出くらいのもの。

課題図書を前提とした授業が行われるわけではないし、その課題図書にしても学生の数だけ図書館に用意されているわけではない。個人で書店に注文して手に入れなくてはならない仕組みをとっているところがほとんどである。

これでは書店と出版社が喜ぶだけで、学生サイドは余計な出費を強いられるだけだ。学生の学習歴の向上にも結びつかない。

最近では日本の大学でもリーディング・アサインメントをとり入れるところが出てきたようだが、全体数からするとまだまだ少数派だ。授業の効率化と若年世代に読書力を身につけるためにも、もっと多くの教育機関にリーディング・アサインメントを前向きにとり入れてもらいたいと願っている。

読書ノートをSNSで公開するのもいい

このリーディング・アサインメントは社会人の独学にも使えると思っている。今月はマーケティング、来月は統計学、その次はイスラム教といった具合にテーマを決めて、自分なりのリーディング・アサインメントを設定するのだ。

授業のようにその成果を公開する場が用意されているわけではないけれど、テーマを定めて同じ分野の本を意図的かつ集中的に読んでいると相乗効果で理解が深まっていくだろうし、なにがわからないかが明確になるので弱点をピンポイントで修正できるというメリットもある。

自分で出した宿題に答える形で読書ノートをまとめるようにすると、我流のリーディング・アサインメントの効果はさらにアップするに違いない。そして読書仲間にフェイスブックやツイッターなどで読書ノートの内容を公開すると決めれば、より宿題らしくなり、挫折する恐れも少なくなるはずだ。

目的を決めない気ままな乱読にも自由なよさはあるが、テーマを決めたリーディング・アサインメントにもそれなりの効用がある。

半分を乱読、半分をリーディング・アサインメント的なテーマ学習に使うとバランスがよいだろう。

電子書籍との正しいつき合い方

日本では２０１０年を「電子書籍元年」というそうだ。スマートフォンやタブレット端末といった電子書籍リーダーが出揃ったし、電子書籍ストアの品揃えもようやく充実したのが２０１０年だからである。

電子書籍を利用しているビジネスパーソンも多いようだが、私自身はほとんど利用していない。紙の本に対する郷愁から手が出ないのではなく、まだ実用化のレベルに達していないと判断しているからだ。

電子書籍に手が出ない第一の理由は、端末が重たいということ。スマートフォンで読むなら軽いのかもしれないが、文字が小さすぎるので少し読むと疲れてしまう。これでは読書が習慣化しにくい。

代表的な電子書籍リーダーであるキンドルは、本体の重さがおよそ１９０ｇ。手元にあった私の文庫本『30代から大きく伸びる人の勉強法』の重さは１２０ｇ。文庫本のほうが30％以上も軽い。

本は毎日持ち歩いていつでもどこでも隙間時間に読むのが私の基本だから、軽ければ軽いほどありがたい。この点では、電子書籍よりも文庫本に軍配が上がる。日本で思ったように電子書籍が普及していないのは、日本では文庫本が普及しているからだと私は思っている。

次に電子書籍で困るのは、読みたい本が電子書籍ストアに揃っていないことだ。前述のように日本では平均すると毎日２００冊以上の書籍が出版されているが、そのすべてが電子化されているわけではない。

日本の電子書籍市場はおよそ１０００億円規模といわれるが、その大半を占めているのはコミック。コミックは電子化率が高いのだが、それ以外の小説やノンフィクション、ビジネス書では、電子書籍で読みたくても電子化されていないものが大半なのだ。私がすすめる生物学、歴史、軍事学、哲学の4ジャンルについていうなら、電子化されているタイトルは極めて少ない。

もっとも、私は電子書籍を全否定しているわけではない。電子書籍ストアが充実したらいずれは利用したいが、端末にはまだ技術革新の余地があるとにらんでいる。

最終的には新聞のようにコンパクトに折り曲げられて、読むときに広げて読めるようなディスプレイが登場するだろう。カバンに小さな端末があり、Ｗｉ－Ｆｉ（無線ＬＡＮ）でディスプレイにコンテンツを飛ばすというスタイルが普及してくるかもしれない。そうなれば使い勝手は格段に上がるから、一気に普及して単価も安くなるに違いない。

そう遠い未来ではないだろうから、個人的にはもっと使いやすくなってから電子書籍を利用したいと考えている。もちろんスマホで読むのが苦にならない、仕事でタブレット端末を持ち歩いているという若いビジネスパーソンたちが、紙の本と並行して電子書籍を利用するのは悪いことではない。

年をとるほど本は読めなくなる

私が口を酸っぱくして若い人に読書をすすめているのは、年をとるほど自由な時間が少なくなって本が読めなくなるからだ。それは私自身の実感である。

若い時代がない年寄りはいないし、若い世代は年寄りというものをまだ経験していない。だから私のような年寄りの経験も、人生の先輩からの貴重な助言として素直に聞いてもらいたい。

第一に年をとると自由な時間が物理的に減ってくる。

昔と今ではＩＴ環境はがらりと変わってしまったが、若い世代の時間の使い方そのものは本質的に変わらないと思う。仕事がメインであり、そこに友人や恋人とすごすプライベートな時間が加わる程度だ。

口では「忙しい、忙しい」といっても、現実的には読書する時間はその気になればいくらでも作り出せる。

私も若い頃は仕事もプライベートもそれなりに忙しくしていたが、それでも本を読む時間がたっぷりあったものだ。

ところが、長く生きていると雑用は増える一方。組織での地位が上がるとつき合いも増えてくるし、私の年代になると親しい人や世話になった方が病気になったり、亡くなったりすることもちょくちょくある。

若いときも友人の結婚式に呼ばれることくらいはあるだろうが、冠婚葬祭は若いときよりも年をとったほうが圧倒的に多くなってくる。すると読書にかけられる時間はそれだけ少なくなるのだ。

若いうちに本をひたすら読もう

次に年をとるごとに主観的な時間も少なくなっていく。赤ちゃんにとっても１００歳の老人にとっても１日は24時間なのだが、年とともに感覚的な時間の経過は早く感じられるようになる。

私も20代のときに先輩たちから「年をとるほど、時間がすぎるのが早くなる。まさに〝光陰矢の如し〟になるよ」と助言されていたが、若いうちはまったくピンとこなかった。

しかし、いまの年齢になって初めて、先輩たちの助言の意味がわかるようになってきた。本当に時間がすぎるのが早く感じるのだ。

私は２０１５年４月で70歳になったが、最近は寝たと思ったらもう朝になり、朝だと思ったらもう夜になってまた寝て……という感覚。あっという間に１週間が終わってしまう。

この調子で新しい年が始まったと思ったら、１月、２月はさっさとすぎ去り、ゴールデンウィークと夏休みが終わると、もう年末に向けてのカウントダウンが始まるという具合。これは体験してみないとわからない感覚であり、なぜそうなるかを論理的に説明することは残念ながらできない。

だが、私がそうであったように、いまの若い世代も年をとるにつれて必ずや同じ感覚に襲われるようになる。すると読書に割ける時間はますますなくなってくる。

若いうちに読書の習慣をつけておかないと、年をとって客観的にも主観的にも時間がなくなってくると本が読めなくなる。

「面白いから読んでみてよ」と本をすすめても、そういう人にとって本は一種の睡眠薬。5ページくらい読むといびきをかいて寝てしまう。本が睡眠薬の代わりになってぐっすり眠れるのは、その人にとっては幸せかもしれないから、赤の他人がとやかくいう筋合いではない。けれど、年をとってから読書するのは大変になってくるから、若いうちに本をひたすら読み、読書の習慣をつけることが重要になってくる。

若い頃は時間があってもお金はないものだが、文庫本なら1000円も出せば少しはお釣りがきてコーヒーくらいは飲める。新作映画を1本観ようとすると1800円もとられるから、若いうちの娯楽としても読書は優れていると私は思う。

第7章

読書が私のすすむ道を決めた

私が歩んだ悪戦苦闘の歴史

この章では、私のこれまでの読書体験を幼年期から振り返ってみたい。それは私自身のリアルな体験を通して、読書の素晴らしさを改めて感じてもらいたいからだ。本をいつも傍らに置いて一生懸命読んできた日々がよくも悪くもいまの私を作ったといえる。しかし、人生の前半戦は悪戦苦闘の連続だった。

悪戦苦闘の第1章は、小学校時代である。

第二次世界大戦で世界中に喧嘩を売って敗れ去った日本は終戦から6年後の1951年、アメリカでサンフランシスコ講和条約を結び、どことも国交がない状態から翌年4月に52カ国と国交回復を果たした。

国交回復を果たすと各国に大使館ができて外交官が送り込まれる。そのときロンドンに開かれた日本大使館の第一陣に私の父親が三等書記官として赴任することになり、私を含めて一家で日本からイギリスへ移住した。

私の一家は父親、母親、長男の私、妹2人の合計5人。当時、イギリス全土に住んでいた日本人は30人だったから、わが家だけで日本人のシェアが約17％だったということになる。内訳は外交官と家族が28人、あとはオックスフォードとケンブリッジに留学していた学生がひとりずつで計30人。

まだメディアの特派員も銀行マンも商社マンも誰もいない時代である。いまではロンドンだけで日本人は５万人ほどいるそうなので、隔世の感がある。

小学1年生でギリシャ語とラテン語を英語で習う

このとき小学生の私が入れられた学校というのが、名門すぎるほどの名門だった。１年生から６年生まで合わせても80人くらいしか生徒がおらず、そのほぼ全員がオックスブリッジに入るためのエリート校中のエリート校であるイートンかハローへ進学する名門校だった。

私は日本からきたばかりの小学１年生だから、英語の「え」の字もしゃべれない。オシッコがしたくても「トイレット」という言葉すら知らなくて、大変困ったことをいまでも覚えている。

トイレにトイレらしい風情があればよかったのだが、あいにく学校というよりも大きな民家みたいな建物だったから、どこがなんの部屋なのか、日本人にはさっぱり見当がつかない。恐らくここだろうと思って扉を開けた部屋が、校長先生の執務室でお互いにびっくりしたこともあった。

その学校では、英語もロクにしゃべれないのにフランス語とギリシャ語とラテン語、3か国語を同時並行で習った。しかも、英語で。

フランス語については、まだ手元に日仏辞書があったからクラスで真ん中くらいの成績が収められたが、ギリシャ語とラテン語の日本の辞書は父親の手元にもなかった。そこで父親が役所の若い外交官補を家に呼んで、「息子の勉強を手伝ってくれ」と頼んでくれたのだが、「書記官、無理ですよ。だって宿題がギリシャ語とラテン語です」と軒並みお手上げだった。

私は「おじさんたちはいつも東大出だと胸を張っているのに、小学1年生の宿題もわからないのか」と内心思ったものだ。私が学歴というものを信じなくなったのは、この頃の体験も影響している。

とにかく英語がしゃべれないから語学の成績は悪かったが、算数はクラスでトップだった。そうしたら担任教師の大説教が始まった。
「コウイチは英語がろくすっぽしゃべれないのに、算数であなたたちの誰よりもいい成績をとった。あなたたちはみんな英語をしゃべれるのに、コウイチより算数の成績が悪いとは一体どういうことだ！」

イギリスはその頃まだ体罰が容認されていたから、旧日本海軍伝統の精神棒のような太い定規でクラスメイトが次々とお尻を叩かれていった。そのとき子ども心に面白いと思ったのは、担任の教師が「縦がいいか、横がいいか」とクラスメイトにいちいち聞くことだった。縦だと当たる面積は大きいけれど、痛くはない。横だと当たる面積は小さいけれど、力が集中するから痛い。そのときは「生徒に体罰の選択でも自由を与えるとはさすがに民主主義の国家だな」と思ったものだ。

このころ日本のプロ野球がどうなっているかを知りたくて、父親が勤務先から持って帰ってくる2～3週遅れの新聞のスポーツ面を読んでいた。知らない漢字だらけなので両親に読み方を教わっていたのだが、日本に帰った小学3年生の夏には１８５０ある当用漢字をすべて読めるようになっていた。もっとも書けるのはわずかだったが、好きこそものの上手なれとはこういうことをいうのだと思う。

私の教養を作ったのは中学・高校時代の読書

本好きを英語では「ブックワーム」という。ブックは本、ワームは虫。古い本を開けると、ときどき白い虫がうごめいている。あれをブックワームと呼ぶのだが、そこから転じて本ばかり好んで読む人を本の虫、ブックワームというのだ。

私は小さいときから典型的なブックワームだったが、その礎を作ったのは〝教駒〟時代である。

イギリスから無事に帰国した後、私は教駒（現筑駒）に入学した。

私は教駒の12期だが、その1期先輩に第31代日本銀行総裁の黒田東彦さんがいる。黒田さんが日銀総裁になったとき、ある新聞には「黒田新総裁はたいへんな読書家であり、教駒の図書室は彼のものだった」という内容の記事が載ったけれど、おそらく黒田さんはそんなことはいっていないと思う。なぜならその頃の教駒の図書室は、ほとんど私のものだったからだ。その証拠は3つある。

父親が外交官であり、私の中学・高校時代は外国で勤務していたから、日本に残された私は外務省が運営する「霞友学寮」で生活していた。みんなが〝みなしごハッチの家〟と呼んだこの子弟寮では、自民党政権下で大臣を歴任した与謝野馨さんたちと一緒に住みながら学校に通っていた。

子弟寮の個室は六畳一間。ずっと昔の話だから、個室にはテレビもない。寮には「テレビ室」という場所があり、そこにしかテレビはないのだが、私はいちばん若輩者だったから、選局の権利はない。

私にとっては面白くないから、所属していた陸上部の部活が終わったら、寮では個室にこもって教駒の図書室から借りてきた本を読んでいた。中高一貫校で受験もないから、ご飯を食べると読書をするしかなかったのだ。

その頃の教駒の図書室には貸し出しノートがあったが、私の貸し出し履歴は誰よりも圧倒的に多かった。それがひとつ目の証拠である。

図書室には英語でライブラリアン、日本語でいうなら司書の若い先生がいた。その司書が私に「それにしても堀くんは毎日図書館にくるね。堀くんみたいに毎日くる人は他に誰もいないよ」といっていた記憶がある。それが2つ目の証拠だ。

3つ目の証拠は私自身によるもの。司書がいうくらい私は図書室に年中入り浸っていた。黒田さんがときどききていたことはうっすら覚えているけれど、そんなに毎日会ってはいなかったから、当時教駒の図書室を圧倒的に多く利用したのは私だったという確信がある。

小説家か脚本家になりたかった

振り返ると教駒時代、私は年２５０冊ほどの本を読んでいた。残念ながら紛失してしまったのだが、感想を記した読書ノートも毎回書いていた。

結構おませだったから、夏目漱石や芥川龍之介といった日本文学の古典は中学生でだいたい読み終わっていた。どこまで理解できていたかと問われると疑問も残るが、自分なりに理解したつもりだった。高校生になると、より難解なジャン＝ポール・サルトルなどの哲学書にも手を出していた。

中学・高校時代に読書に熱中していたのは、単に読書が好きだったということ以外にもうひとつ理由があった。その頃の私は将来、小説家か脚本家になりたいと真剣に願っていたのだ。

高校3年生になると、進学する大学を決めないといけない。教駒では文科系と理科系に分かれていて、私は文科系でつねに学年で1番の成績を収めていたから、担任の先生は「堀くん、キミはどうするんだ？　当然、文一だろ」と聞いてきた。

「文一」というのは東京大学文科一類、つまり法学部である。中学から高校までエスカレーターで持ち上がった教駒の生徒約80人のうちで、毎年全体の4割ほどに相当する30人前後が現役で東大に入っていた。

でも、私は真剣に小説家か脚本家になりたかったから、担任の教師に「私は京都大学の文学部でインド哲学を勉強したい」と告げた。すると教師は「そんなことをしてもらったら困る！」と大いに慌てた。

名実ともに文科系のトップを走る者が文一を受けなかったら、全軍の士気にかかわる。ゲームの初っ端《しょぱな》にバッターボックスに立った先頭打者が、ボールに当たるのが怖くてへっぴり腰になり、1球も振らずに3球見逃しで三振に倒れるようなもの。2番バッター以下の士気に影響するから、頼むから文一を受けてくれ……。そう懇願されたのだった。

「お前の実力なら、1科目名前を書き忘れたとしても絶対に合格するはずだから、頼むから文一を受けてくれ」というわけである。

けれど、私は法律にはまるで興味がない。念のために調べてみたが、東大の文学部である文三にもあまり魅力的な教授はいなかったし、授業も面白くなさそうだった。その点、京都は古都で小説の舞台となるような寺社仏閣もたくさんある。

あの司馬遼太郎さんだって、産経新聞社の京都支局で記者をしているとき、仕事がないから、あちらこちらの図書館を利用したり、お寺をまわったりしながら教養を高め、その後独立して偉大な作家になった。だから、私も同じように京都大学に入学してインド哲学を勉強しながら、古いお寺などを見てまわって教養を深め、物書きを目指したかったのである。

失敗してもいいから、やりたいことをやれ

物書きになる夢を捨てず、必死の説得にも首を縦に振らない私に業を煮やした担任の教師は、ついに伝家の宝刀を抜いた。「キミがもし東大ではなく京大を受けるのなら、内申書は書かない」と宣告したのである。

内申書がなければ大学には入れない。大学検定試験を受ける手もなくはないけれど、そうなるとその年の受験には間に合わないから一浪することになる。それは困ると思った私は折れて結局、文一を受けて現役合格した。

「それからハーバード・ビジネス・スクールで学び、天下のボストンコンサルティンググループ（ＢＣＧ）の日本人トップとなり、最終的にドリームインキュベータを起業して東証一部に上場するなど成功したのだから、結果オーライじゃないか」という意見もあるだろう。しかし、いまでも私はあそこで担任の教師に半ば恐喝されて文一に入ったことを悔やんでいる。

私は人生をやり直せるとしたら、京都大学の文学部に入り直して小説家か脚本家を目指したいと真剣に思っているのだ。

これは読書術とは直接関係のないことだが、この本を読んでいる若い世代に先輩の私からひとつ忠告しておきたい。

自分が信じた道をすすみ、やりたいことをやるのが人生において最も大切なことだ。いかなる理由があったとしても、やりたくないことをやると後悔が一生残る。

私が小説家か脚本家を志したとしても、成功したかどうかはわからない。コンサルタントになって多くのクリエイターたちとつき合ってきたが、彼らのようなクリエイティブな能力があったかどうかはむしろ大きな疑問だ。

三枝成彰さんや秋元康さんとは、とても親しくさせていただいており、ドリームインキュベータの特別顧問にもなっていただいている。そして、私には残念ながら彼らのようなクリエイティビティはないことがよくわかった。だから、いまの私もひとつの人生なのかもしれない。

でも、たとえその試みが失敗に終わったとしても、やりたいことを精一杯やり遂げたのだとしたら、敵前逃亡でやらないより後悔の念はうんと少ない。失敗するか、成功するかはときの運次第だろうし、人は失敗から学んで成長するものだからである。

読売新聞に入ったものの……

東大法学部を卒業した私は文筆家への思いを断ち切れず、ジャーナリストを志して新聞社に入ることにした。両親、親戚一同がこぞって反対するものの、今度は大学進学時の苦い思い出があるので委細構わず、読売新聞社に入社した。

ちなみに本当は朝日新聞社に入りたいと思っていた。しかし、〝ナベツネ〟こと渡邉恒雄現読売新聞グループ本社会長・主筆に、「読売新聞に入らないとこの世界で生きていけないようにしてやる」といわれた。中曽根康弘さんも横に同席されて「渡邉さんのいう通りにしなさい」という。私は恐れをなして読売新聞社に入った。

いずれにせよ、物書きの仕事に変わりはない。自ら取材した内容を原稿に書き起こし、新聞を通じて社会に提言していく……。そんな夢を胸に抱いて新聞社に入ってみると、その内実は想像とはまったく異なるものだった。

先輩記者たちは文筆家と呼ぶにはほど遠く、時間ができても本は１冊たりと読まない。余暇は麻雀、競輪、競馬に明け暮れて、夜はお決まりの酒浸り。要するに外に出て取材をするのではなく、記者クラブに留まり、発表されるネタを待っているだけの怠惰な生活である。

恥ずかしながら、「朱に交われば赤くなる」で、私も先輩記者たちと同じような生活をしばらく続けていた。この間、本を１冊も読んだ記憶がない。

読売新聞社では入社後、富山支局に配属されたが、ほどなく東京本社に戻り、経済部に所属することになった。本社の実態も支局と似たようなもの。志のあるジャーナリストはいなかったが、そこにはビジネスとして部数を伸ばすために必死になっている社員たちの姿があった。そこで、私はこう考えた。

日本には新聞社やテレビ局に勤める記者はいるが、ジャーナリストはいない。そして誰もジャーナリストに価値を認めていない。

「このままではジャーナリストになるどころか人間としてダメになる。新聞社だって建て前ではエラそうなことをいっているが、内実は部数を伸ばすことに汲々としているだけだ。ならば正々堂々と資本主義に身を売ってビジネスの世界に転じよう」

こうして私は三菱商事に入り、ハーバード・ビジネス・スクールという経営大学院に2年間留学させてもらうという大きなチャンスをいただいた。そこでＭＢＡ（経営学修士）を取得したことが、のちに経営コンサルタントへ転職し、独立して起業するきっかけとなっている。

読書の力でハーバードの金時計をもらう

ハーバード・ビジネス・スクールは、「資本主義のウェストポイント」の異名をとっている。アナポリスがアメリカ海軍と海兵隊の士官学校なら、ウェストポイントはアメリカの陸軍士官学校である。

この異名はハーバード・ビジネス・スクールがビジネスの世界へ次々と有能なリーダーを送り込み、なおかつ〝月月火水木金金〟という軍隊式の厳しいトレーニングを学生に課していることに由来している。

私は結局、300年近い歴史を誇るハーバードで「金時計」を初めてもらった日本人となった。金時計というのは私の意訳であり、英語で正しく表現すると「MBA with High Distinction」となる。「Distinction」というのは「違う」という意味だが、そこに「High」がつくと「とても違う」という意味になる。

具体的には、トップ2％の最優秀学生として「ベーカー・スカラー」という称号と小さな金のメダルをもらったのである。

ハーバードで金時計がもらえたのは、紛れもない読書の力である。すでに触れたようにハーバードでは「リーディング・アサインメント」が義務化されていたから、毎日のように文献を深く読み込む日々を送っていた。このときの読書が経営コンサルタントになってからの私を支えてくれたのである。

三菱商事を辞めてコンサルティング・ファームへ

2年間のハーバード・ビジネス・スクールでの留学を終えて日本に戻ってきたのは１９８０年、私が35歳のときである。

戻ってきたのはよいが、身分はただの平社員。ハーバードで学んだことを存分に活かそうと思ったら、課長でも部長でもフィールドが狭すぎる。少なくとも取締役にならないと話にならない……。そう思うと私は不安になった。

当時は年功序列が当たり前の時代。私が課長になるのに15年、部長になるのに20年、取締役になるのには25年はかかりそうだった。

いまになってみれば、ビジネス・スクールで学んだことは経営学の基礎の基礎にすぎないのだが、金時計をもらった私は「師匠から免許皆伝になって虎の巻をもらったのに、それを使わずに25年も社内でくすぶるなんて耐えられない」と思うようになり、転職を真剣に考えるようになった。

その頃、ハーバードにおいて優秀な成績でＭＢＡを取得した人の進路には、アメリカ人の場合、大きく３つあった。ベンチャー企業を自ら起こすか、インベストメント・バンク（投資銀行）に入るか、コンサルティング・ファームに入るかだ。

このうち私が最も惹かれたのは、コンサルティング・ファームだった。ハーバードで学んだことがダイレクトに活かせるし、日本ではまだ知られていない業態だったが、経営コンサルタントは欧米では高度に知的でプロフェッショナルな職業として尊敬を集める存在だったからだ。

折しも日本には、アメリカの大手コンサルティング・ファームがまさに進出しようとしていた。「日本にもハーバードで金時計をもらった男がいるらしい」という噂を聞きつけたコンサルティング・ファームとインベストメントバンクから数件のヘッドハンティングを受けたが、結局はブルース・ヘンダーソンという男の魅力に負けてＢＣＧへ入ることになった。その経緯については、すでに触れた通りである。

最低３冊の本で業界を知る

経営コンサルタントというのは非常にプロフェッショナルかつタフな商売だったが、

そこで役立ったのは「戦時の勉強法」としての読書である。

経営コンサルタントになると、自分がまったく知らない業界のコンサルティングを担当することも多い。個別の案件について仮説を立てて問題点を探る前に、未知の業界について知ることが先決となる。そこで戦時の勉強法で業界を知るために本を買い込んで予習をするのだ。

私は速読も斜め読みも大嫌いなので、1ページずつ丁寧に読むことを信条としているが、このときばかりは速読的な読み方を強いられることも少なくなかった。

業界を知るときには最低3冊の本を用意する。1冊だけだとその著者の見解に偏りがあった場合、色眼鏡で業界を俯瞰することになりかねない。最低3冊読めば、三角測量のようにほぼ正確に業界の基礎知識が頭に入ってくる。

とはいえ、本だけではコンサルティングはできない。コンサルティングで私が最も重視しているのは、つねに現場である。

現場では、企業や組織のあらゆる立場の人に話を聞く。そのインタビューを通じて立場の違いによる、現状把握や問題意識のズレを探していく。そのズレにこそ、課題解決のヒントが隠されているのだ。

こうした基礎情報をもとに仮説を立てたら、その仮説をぶつけながら再び現場でインタビューする。この繰り返しでスパイラルに仮説を検証しながら、どこに問題があるかを明確にしていく。

現場での発見はグラフに落とし込む。「コンサルティングの仕事をひと言でいい表してほしい」といわれたら、私は迷わず「グラフを書くこと」と答えるだろう。X軸とY軸からなるシンプルなグラフが、企業の実態を教え、問題をあぶり出し、すすみゆく方向を教えてくれるのである。

コンサルティングでは、最終的にグラフをもとにしたレコメンデーションを行う。このときのプレゼンテーションでは、長年の読書で培ったストーリー構築力と表現力が、ずいぶんと私を助けてくれた。

インプットとアウトプットのバランス

私は35歳で三菱商事を辞めてＢＣＧに入るとき、人生のインプットとアウトプットのバランスについて考えてみた。

30〜40代はインプットのほうがアウトプットより大きい。自分が投資する時間や金、努力のほうが大きく、収入、地位、名声といったリターンはそれよりも相対的に小さいのだ。読書はもちろん、このインプットに含まれている。

このように40代まではインプットよりアウトプットが少なくてもいい。50代になったら努力というインプットと、収入や地位といったアウトプットがちょうど均衡するようになる。そして60代になると体力がなくなって若い頃のように熱心なインプットができなくなるだろうが、過去の蓄積でインプットよりも大きなアウトプットが得られるだろう……と構想したのである。

ところが、私の人生はこの構想通りにはいかなかった。なにが起きたかというと、40代に懸命に努力して相当のインプットをしたのだが、同時にリターンとして戻ってくるものも大きかった。早々にインプットをアウトプットが上まわり、ＢＣＧに入社して6年目で日本法人のトップに就任したのである。41歳のときだった。

年収も三菱商事時代とは比べものにならないくらい上がった。ＢＣＧに入社した頃の年収は１２００万円だったが、最終的にはその20倍の2億４０００万円に跳ね上がった。世界に７０００人ほどいたＢＣＧのコンサルタントのうち、本社の会長と社長に次いで3番目の高額であり、複利で計算すると年率22％の伸びである。その後、テレビ番組に出るようになって知名度も一気に上がった。

自分の当初のプランよりもずいぶん早くリターンが得られるようになって、私は嬉しさを感じる反面、「人生、これで本当にいいのか？」と疑問を持つようになった。そこでＢＣＧの社長に就任して数年後、サバティカル（長期休暇）というベテランに与えられる制度を利用して、自分を見つめ直すために1か月以上かけて世界一周の旅に出た。

インプットとチャレンジを続ける

当時のスターアライアンス（世界初の航空連合＝ユナイテッド航空、ルフトハンザ航空、シンガポール航空、全日空などが加盟）にはユニークな世界一周チケットがあり、同じところに戻らなければ、世界中どこまでいってもファーストクラスで98万円というチケットがあった。通常ならニューヨーク往復だけでも百数十万円だったから、破格の値段である。

そのチケットを買った私は、成田空港からハワイへ飛んだ。ハワイからロサンジェルス、ロサンジェルスからラスベガス、ラスベガスからフィラデルフィア、フィラデルフィアから大西洋を渡ってフランクフルトへ。そしてフランクフルトからカイロ、カイロからルクソール、ルクソールからロンドンへ飛んだ。

その頃、息子がアイルランドのダブリンにいたので、ロンドンからダブリンにいって東京へと戻ってきた。

機内で、ラウンジで、ホテルで、この間、たくさんの本を読みながら自省し、「人生、これで本当にいいのか？」という自問を繰り返した。50代でインプットとアウトプットが釣り合い、60代で回収が始まるという設計をしていたはずなのに40代の前半で回収が始まっている。

旅行中に「きっとこれはなにかが狂ってきている」と改めて考えた私は、一度全部をリセットしようと決断して年収2億4０００万円の地位を捨てて、思い切ってＢＣＧを辞めることにした。そうしてインプットとチャレンジを続けるために作ったのが、いまのドリームインキュベータという会社である。

ソニーやホンダを１００社作りたい

ドリームインキュベータを作るにあたって私が考えたのは、「これからのソニーやホンダを１００社作りたい」ということだった。天下のソニーもホンダも、もとを正せば町工場であり、ベンチャー企業である。

ベンチャー企業ほどコンサルティングを必要としているはずなのに、ＢＣＧなどの大手コンサルティング・ファームは大企業しか相手にしていないという批判を熱心なファンからいただいていた。そこでベンチャー企業をコンサルティングで支えるためにドリームインキュベータを作ったのである。

社名にはドリーム（夢）をインキュベート（孵化）させたいという思いが込められている。

ドリームインキュベータを作る直前、私がＢＣＧを辞めるらしいという噂を聞きつけたジャーナリストの田原総一朗さんが心配して突然私の自宅を訪ねてきた。テレビの仕事を通じて田原さんとは親交があったのである。

ピンポン、ピンポンとチャイムが鳴るから「誰だろう」と思ってモニターを見たら、田原さんが立っている。アポなしの電撃訪問だが、すぐにうちに上がってもらった。ジャーナリストらしく、田原さんはズバズバと聞いてきた。

「堀さん、会社を作るという噂を聞いたけれど、本当か？」

「田原さん、それは本当です」

「バカなことはやめろ。それなりの地位と年収もあるのに、そんな会社を作って失敗したら、経営コンサルタントとしてダメになる。一体どういう了見だ！」

「いやいや、私は英語ができますし、万一日本でダメになってもアメリカで経営コンサルタントをやっていけば食べていけます。食うに困るわけじゃないから、田原さん、どうか心配しないでください」

そんな議論を侃々《かんかん》諤々《がくがく》、交わしたことを覚えている。田原さんは本当に優しい方で、私のゆく末を心配してわざわざ足を運んでくれたのだ。

読書家には読書家の友人が集まってくる

私が出会った2人の読書家について紹介したい。152ページでも触れた人物で、読書を通じて親交を深め、折に触れて本について語らう無二の親友である。

1人は作曲家の三枝成彰さん。彼は3つ年上だが、私の一番の親友といえる人物であり、ドリームインキュベータの特別顧問でもある。

先ごろも、デジタルメディア時代のドリームインキュベータをどうすべきかについて、ＡＫＢのプロデューサーで同じくドリームインキュベータの特別顧問である秋元康さんと3人で話し合うため、シンガポールへいってきたばかり。東京で話し合ってもよかったのだが、たまには違った環境でミーティングしたほうが実りは多い。

三枝さんと知り合ったのはいまからもう二十数年前のことだが、出会いのシーンは昨日の出来事のように鮮明に覚えている。

発端はあるとき資生堂から、全国の美容院の経営者を対象にイベントを開くので、そこでなにか話をしてほしいという依頼を受けたことだった。当時、資生堂の社長を務めていた福原義春さんと懇意にさせてもらっていたから、私は二つ返事で引き受けた。そのときに三枝さんも講演をしていたのが、最初の出会いとなった。

会場は都内の大きなホテル。全国から3000人ほど集まるので、三枝さん用と私用に会場がひとつずつ用意されていた。3000人も入る部屋がなかったので会場が2つに分かれたわけだ。

資生堂グループの美容院経営者の大半は女性である。三枝さんは甘いマスクと洒脱なトークで女性たちに大人気だったから、「三枝さんの会場が満員で、自分のところが閑古鳥だったら惨めだな」と秘かに敵愾心を燃やしていたが、結果的にどちらの会場も満員札止めの大盛況。講演が終わったあとに「勝負は互角でしたね」と挨拶に出向くと、三枝さんは「いえいえ、堀さんのほうが100人くらい多かったじゃないですか」と屈託のない少年のような笑顔で答えてくれた。

その瞬間、私は負けたと思った。どちらが多くの聴衆を集められるかを内心勝手な〝勝負〟にしていたことを察していたはずなのに、自然体で接してユーモアで切り返してくれた。そのスケールの大きさに感服したのである。

その後、アサヒビールの社長だった樋口廣太郎さんの誘いで隅田川の花火大会に夫婦で出かけると、三枝さんも招待を受けてご夫婦でいらっしゃっていた。そこで再会してから一気に親交を深めたのだが、知り合ってここまで仲よくなった一番の理由は彼も読書家だったからである。

バスルームに膨大な蔵書

私は不見識にもアーティストというものは総じて非常識で不勉強であり、モノ知らずが多いと決めつけていたのだが、三枝さんと知り合ってそれがまったくの偏見だったと悔い改めた。

三枝さんは勉強家で本もたくさん読んでいる。私は雑学では相当なものだという自負があったのだが、彼の雑学レベルは私を凌駕していた。

彼は普通のマンションを改造して事務所にしている。そうするとバスルームなどに使わないスペースが生まれるが、そこに膨大な蔵書を押し込んでいる。

使っていないバスルームには、いわゆるエロ本が１０００冊以上置かれている。エロ本もこのオーダーになると迫力がある。「どこでこんな本を見つけるんですか？」と尋ねたら、「その手の本屋へ出かけて、丹念に１冊１冊選んで買ってくるんだ」と答えてくれた。

面白そうなエロ本を見つけて興味本位で「これ借りて読んでいい？」と聞くと、三枝さんは「なんでも好きなの、持っていけ！」といってくれる。もちろんエロ本だけではない。その他に歴史書と戦記モノが２０００冊くらいあり、本業の音楽モノはゆうに３０００冊以上あるだろう。

おまけに三枝さんは本を横に並べるのではなく縦に積む。お行儀よく横に並べていたのでは本棚に入りきらないから、40冊くらい縦に積んでいくのだ。それを見て驚いた私があるとき「倒れないの？」と聞いたら、「うん、素人が積むと倒れるけど、オレが積んだら倒れない。これもまた技のひとつだよ」とうそぶいていた。

本当に面白い人である。

経営者にも読書家は多い

もうひとりの読書家はヒロセ電機の社長だった酒井秀樹さん。ＢＣＧ時代にコンサルティングを通じて知り合い、それから30年以上交流は続いたが、残念ながら数年前に亡くなってしまった。酒井さんも趣味は読書と公言してはばからない人だった。

経営者に読書家は多い。将来が約束された創業一族の出身ではない場合、読書で学習歴を広げた結果、経営者まで上り詰めるケースも多いだろう。

「晴耕雨読」というけれど、叩き上げの経営者は休日のゴルフが雨で中止になったりすると、空いた時間を読書に当てる勉強家が少なくない。

ヒロセ電機は多極コネクターで好業績を続けている東証一部上場の部品メーカーである。売り上げ規模は１０００億円ほどだが、売上高経常利益率が３割という知る人ぞ知る超優良企業だ。創業者の遺志を継いで、その発展の基盤を作ったのが酒井さんなのだ。

彼は東京都立港工業高校の出身。高校卒業時に、東芝とヒロセ電機（当時は広瀬商会製作所）から内定をもらったという。東芝はいまも昔も従業員が何万人もいる日本を代表する大企業。普通なら安定と高給を求めて東芝を選ぶところだろうが、酒井さんは「そんなところへ工業高校卒で入ったら、テレビの修理かなにかで一生が終わってしまうだろう」と漠然と思った。

もう一方のヒロセ電機は、その頃はまだ従業員が30人ほどの町工場レベルだったが、「こちらのほうが伸び伸びやれてよさそうだ」と考えて、酒井さんはヒロセ電機を選んだのである。

いよいよ4月1日になり、ヒロセ電機に初出勤しようと住所を頼りに本社の所在地を探した酒井さんだったが、一向に見当たらない。いまと違って地図が表示されるスマホのような便利なツールはなかったから、近くを通りかかる人に「このへんにヒロセ電機という会社があるはずですが、ご存じないですか?」と尋ねるのだが、「ヒロセ電機? さあ、聞いたこともないねぇ」と誰に聞いてもわからない。

それでもあちこち探しまわってようやく見つけたら、そこは割れた窓ガラスを白いテープで補強してあるような古ぼけた工場だった。その建物を見た瞬間、酒井さんは「しまった! やっぱり東芝にしておけばよかった……」と猛烈に後悔してまわれ右をして帰りたくなったそうだ。しかし、もはや4月1日になってしまっているから、後戻りはできない。酒井さんは泣く泣く腹を括ってヒロセ電機に入ったのだった。

工業高校出のインテリ

酒井さんは入社と同時に技術部を立ち上げ、自ら技術部長になる。そして入社10年目、28歳のときにヒロセ電機の社長が病気療養で経営の現場を退くことになった。

従業員たちが集まって「誰に次の社長をやってもらうか」を決める会議を開いたのだが、他の社員は小学校とか昔の高等小学校しか出ていない。「酒井君は工業高校出のインテリだから社長をやってほしい」とみんなに推されて若干28歳で社長の座に就くのだから、人の運命はわからない。

思わぬ展開で社長になったのはいいけれど、それこそ東芝やソニーといった大手取引先にとっては大勢の出入り業者のひとつにすぎない。そのため、酒井さんが新しいアイデアを出しても、まともに相手にしてくれなかった。

悔しくなった酒井さんは、東芝やソニーほどの大きな会社に相手にされないのなら、東芝やソニーが逆立ちしても叶わないことをやってのけようと誓う。そして、経常利益率を30％にするというとんでもない目標を立てて実現したのである。

本を読んでビジネスを勉強

酒井さんはどうやって町工場レベルのヒロセ電機を東芝やソニーも真っ青になる超優良企業に成長させたのか。その原動力になったのは読書だ。

彼はエンジニアとしては極めて優秀だったが、経営はずぶの素人だった。そこでピーター・ドラッカーや私の本を読んで必死にビジネスの勉強をした。

ドラッカーはアメリカ人だし、英語をしゃべらないと話が通じないけれど、堀紘一というのは東京にいるし、日本語が通じる。そう思った本人から私宛に電話があり、BCGがコンサルティングを担当する運びになったのである。

酒井さんは希代の出無精だった。ヒロセ電機の工場のひとつは岩手県釜石市にあった。東京から仙台まで東北新幹線で入り、在来線に乗り換えて釜石市までおよそ2時間。そこからタクシーで30分ほど内陸に入った辺鄙《へんぴ》なところにある。

乗り換え時間を入れると片道5時間、往復10時間はかかるから日帰りできないのだが、現場を見ないことにはコンサルティングは始まらないから、コンサルティングを引き受けると私は早速工場へいってみた。

そして酒井さんに「工場、いってきましたよ。みんな頑張っていたし、いい工場でしたよ」と報告したら、「それはよかった。俺、25年いってないよ」というから、こちらが驚いてしまった。

酒井さんは「現場は職工たちに任せておけばいい。俺は経営者だから、勉強して会社の舵とりをすればいい」というスタンス。私には「堀さんはハーバードを出ているくせに現場が好きだね」とよく笑っていた。

オリックスの宮内さんにもよく笑われるのだが、とにかく私は現場主義だ。自分の目で現場を見て、現場の生の声を聞かないと構想がわいてこない。

野武士でありたい、一匹狼でありたい

ドリームインキュベータを作り、もう15年ほどたった。いまグループ全体で社員が４００人近くいて、年商も１００億円を超して、利益も十何億円と出している。海外にもベトナムのホーチミン、中国の上海、タイのバンコク、インドのムンバイに拠点を置くまで成長した。数々の困難な局面もあったけれど、この会社を作ってよかったと心底思っている。

あのままＢＣＧで社長をやっていたら中途半端なところで満足して、どこかのタイミングで引退して大学のビジネススクールの教授になるか、どこかのシンクタンクの理事長にでもなるのが関の山。

そのうち政府が作ったなんとか委員会の委員を頼まれたりして、第一線との距離が少しずつ離れて名誉職に就くようになる。名誉職を文字通り名誉に思う人もいるかもしれないが、私は全く興味がない。

勲章の類も大嫌いであり、どこまでいっても野武士であり、一匹狼でやっていきたいという思いが強い。ここらへんは家系的な遺伝で、私の父は勲二等のメダルをもらったのに、それを捨ててしまった。

私は現役でいられるうちは、つねに第一線で先頭に立って戦っていたい。こうして会社を作った以上、これからも若い人たちにとって働き甲斐のある会社にしていかないといけないから、それはそれで大変である。

先日もベトナムを夜23時55分に飛び立つ飛行機で出張から帰ってきた。時差があるから成田に着いたのは朝7時半頃。自宅に帰ってひと風呂浴び、ウトウトしていたらもう起きる時間になり、今度は東京駅から岐阜へ講演に向かう。

新幹線で1時間40分ほどかけて名古屋駅までいって、そこから車で1時間ほどかけてようやく会場に到着。講演を終えて日帰りしてくるといった過密スケジュールをこなしたばかりである。

そんな多忙な日常でのささやかな楽しみといえば、移動中にカバンから読みかけの文庫本をとり出して読むことなのだ。

第8章

Q&Aでさらに役立つ読書のコツを学ぶ

本章ではわかりやすく、Ｑ＆Ａ形式で読書をめぐる疑問にこたえていこう。

ビジネススクールというところ

最初の問いにこたえる前に、前提として知っておいてもらいたいことがある。それは、アメリカのＭＢＡは学校によって教え方がすごく違うという点である。

たとえば、シカゴ大学のように講義が中心のところもあるが、これは日本の大学に一番近いと思う。そういうところは「リーディング・アサインメント」中心で「この本の50ページから１２７ページを読んでおきなさい」という宿題がどっさり出る。

ＭＢＡに限らず、アメリカの大学や大学院は、日本の大学や大学院に比べると5倍から10倍は読書をしないといけない。そうしないと、試験を受けても受からないし、単位もとれない。

しかし、私が2年間留学して学んだハーバード・ビジネス・スクールは変わったところだった。ハーバードでは１日に各80分の授業が３コマあるのだが、そのすべてが「ケーススタディ」だ。

具体的には、わら半紙にうんと短いのは4ページ、長いのだと150ページくらいのストーリー（ケース）が書かれている。ただの物語ではない。現実の企業内で起きている生きた物語である。

このケースを読むのが、ハーバードでのリーディング・アサインメントの中心。前日までに渡されたストーリーを全生徒たちが読み込み、隅から隅まで理解したという前提で授業がスタートするのである。

そこには「その会社の工場にはこんな問題があり、営業にはこういう問題があり、営業と工場の間にはこういう問題がある。それを解決するにはどうしたらいいか？」といった内容は1行も書かれていない。

そうではなく「こういう会社がある。この会社は経営難に陥った。さて、あなたが社長だったらどうするか？」といった内容が書いてある。

つまりこういうことだ。

なにが問題かが書いてあれば、それに対する対策を考えればいい。問題を見つけた時点で半分以上は解決できたようなもの。でも、一番大事で難しいのは、どこに問題があるのか、その問題自体を見つけ出すことなのである。

「ハーバード・ビジネス・スクールとはどんなところか?」という質問に私がひと言で答えるならば、「なにが問題かを考えることを教える学校だ」と答えるだろう。

日本人はすぐに「正解」「答え」を知りたがるが、ハーバードは答えを教える学校ではない。なぜならば、ハーバードが育てようとしている企業の経営者や国のリーダーたちには、なにが問題かを考える能力が求められるからである。

問題点さえ特定できたとしたら、答えは企業なら常務や部長、国なら大臣や各省庁の局長たちが見つけてくれる。

常務や部長になにが問題かを考えさせているようでは、企業はすすむべき道を間違えるし、大臣や局長に問題を考えさせるようでは国のゆく末が心配になってくる。

なぜなら常務や部長、大臣や局長は自らが担当している限られた部分しか見てない。そこから見えた景色が企業なり国家なりの全体の問題だと思い込んだら、大間違いのコンコンチキになる危険性が高いのである。

前提をおさえたところで、早速、読書をめぐる疑問にこたえていくことにしよう。

Q アメリカでMBAをとるにはどんな読書が必要ですか？

ハーバードの「ケーススタディ」を読む体験は学者が書いた経営学の教科書を読むのとは違う。むしろ小説を読むのに似ていると思う。小説のほうが作家が答えを明示的、または暗示的に書いており、それと比べるとケーススタディのほうが問題点はどこなのかがわからないような書き方をわざとしてあるという違いはある。

でも、なにかの意図を持って書かれたストーリーを解読するという意味ではケーススタディの読解と小説を読むことは似ていると思う。

ビジネス・スクールでは「東のハーバード」「西のスタンフォード」と称されるくらいスタンフォードも有名だが、スタンフォードはいいとこどりのフィフティフィフティ。ハーバードのようなケーススタディが全体の半分、シカゴ大学のような講義方式が半分の学校なのだ。

だから、どこでMBAをとるかによって勉強法はまったく違ってくる。シカゴやスタンフォードでＭＢＡをとるなら、リーディング・アサインメントがかなりの比重を占めるから、ビジネス書を中心とした読書法が重要になってくる。一方、ハーバードではリーディング・アサインメントに加えてケーススタディがあるから、私がすすめるようにビジネス書だけではなく、哲学書や小説など分け隔てなく目を通す柔軟な読書が求められる。

Q 将来経営コンサルタントを目指しています。どんな読書が求められますか？

経営コンサルタントの正体を知るには、当のコンサルタントが書いた入門書を読むのが手っとり早い。たとえば、私が書いた『コンサルティングとは何か』を読むのは意味があると思うけれど、こうした入門書を読んだからといってコンサルタントに近づけるかとか、コンサルティングの能力が上がるかというと、そんなことはないと思う。

コンサルタントになりたい、あるいはコンサルティング能力を上げたいと思うなら、やはり経営学を基礎から学ぶべき。MBAを持っているコンサルタントが全員優秀とはとてもいえないが、MBAをとれるくらいの知識と技能は最低限必要になってくる。

マーケティング、組織論、オペレーションマネジメントといった個別の学問もよく学んでおくべきだ。

私の時代とは違って、いまでは経営学の本、それからマーケティング、組織論、オペレーションマネジメントなどの専門書がたくさん出ているし、日本語で手軽に読めるようになっている。

その意味ではかつてよりもコンサルタントになりたいという志を持つ人にとっては環境が整ってきているが、いかんせん玉石混淆で内容にバラつきが大きいのが難点。著者のレベルが低かったら、時間を使って読書をして吸収したとしても意味がないし、逆に読み手の理解力と吸収力が乏しいと、どんな良書に出合ったとしても「猫に小判」にすぎない。

いずれにしてもたくさん読めば読むほどよいというわけではないから、数を絞って良書を確実に理解して地道に吸収していくしかない。

日頃から読書をしていれば、しばらく読めば「当たり」か「はずれ」かがわかるようになるから、自らの嗅覚を信じて良書を探り当てたら、師事して勉強を続けてみよう。

Q 将来起業したいと思っています。どんな読書が求められますか？

私が起こしたドリームインキュベータという会社は未来あるベンチャーを応援する会社だから、こういう質問をよく受ける。

シンプルに考えると起業して成功した人物の自叙伝なり伝記なりを読むのが近道のような気がするけれど、これらは例外なく物事が美化されており、こちら側が知りたい肝心なことはまず書かれてない。

参考になるのは、起業家が悩んだり、失敗したり、泥水をすすったりした部分なのだが、そういうところは例外なく触れられていないのである。

もし起業家が失敗体験ばかり赤裸々に語った本があったとしたら、教えてほしいくらいである。早速、買って読んでみたい。

美化された立志伝を読んでみても、憧れたりすることはできるかもしれないが、参考にはならない。だから素直に告白すると「これさえ読めば、成功するベンチャーが起業できる」という本はない。そんな魔法のような本があったら、日本でもたくさんのベンチャーが出てきてもおかしくないはずだ。

でも、これだけはいえる。起業するにしても、コンサルタントになるにしても、重要なのは「観察力」を磨くような読書である。

一見同じように見えても、そこに潜んでいる微妙な差異を素早く認識できない人は、コンサルタントになっても一流にはなれないし、起業しても成功する確率は低い。微妙なものの違いがわかり、その内容を自分の言葉できちんと表現することが大切なのだ。

そのためには教養が不可欠だが、さらに違いを見分けて表現する感受性を磨く読書も求められる。私が読書全体の30％くらいは小説を読むのがいいと主張しているのは、あらゆる読書で小説が感受性を高める手段として最も相応しいからである。

優れた小説家は基本的に鋭い感性の持ち主である。その鋭い感性で書いた小説を読んでいると自らの感受性も高まり、微妙なものを見分ける観察力が身についてくる。

Q ベストセラーには一応目を通しておくべきでしょうか？

時間が余ったら話題の本やベストセラーに目を通してみるのもいいかもしれないが、私自身は話題の本もベストセラーもほとんど読まない。だから、自分が読まないものを人にすすめることはできない。

テレビで最も視聴率が高いのはバラエティ番組やアニメ、あるいは連続ドラマだそうだが、それらの多くは暇つぶしに観るような類の番組だ。話題の本もベストセラーもそれと似たところがある。

話題になっている本、売れている本が役に立つ本とは限らず、案外暇つぶしに読んでいるような人が多いのだろう。

日本では平均すると1日２００冊以上の新たな本が出版されている。そこからベストセラーになるのは、ほんのひと握りである。

平成25年度の文化庁による『国語に関する世論調査』によると、１か月に本を1冊も読まないという人が半数に近い47・５％に達している。１、２冊が3分の1の34・５％、５冊以上読むと答えている人は７％にすぎない。

つまり恒常的に読書している読書人口は、日本人の７％といえるだろう。

読書人口が買うだけではベストセラーにはならない。普段1、２冊しか読まない層が手を出してくれないとベストセラーにはならないのだ。

本をあまり読まない人に手にとってもらうため、著者をバラエティ番組に出演させたり、タイアップを計ったりと出版社もいろいろな工夫をしている。

現代はベストセラーもマーケティングによって生み出される時代であり、そこに良書は少ない。マーケティングの勉強の一環として問題意識を持ってベストセラーを読むのはよいかもしれないが、それだってマーケティング自体の本を読んだほうがずっとためになるはずだ。

ベストセラーよりも目を通すべきはクラシック、古典である。時間の風化に耐えて生き残ってきた古典には、大げさではなく人類の英知が結晶している。そこに貴重な時間を費やして読む価値がある。

どうしてもベストセラーが気になるなら、過去10年間のベストセラーをネットで検索してみるといい。そこに時間の風化に耐えるクラシックと呼べるものが一体何冊あるだろうか。私がざっと見たところ、一時的にその年の話題になったものが大半で、10年後も古典として読み継がれるものは滅多にない。

Q 本棚を整理できません。読んだ本を有効活用する整理術を教えてください。

率直なところ、この質問に答える資格は私にはない。なぜなら私自身、本棚の整理がまともにできていない人間だからである。

私の唯一の整理法は要らない本をさっさと捨ててしまうこと。要らない本を後生大事にとっておくと本棚が混沌としてきて、必要なときに読みたい本にアクセスできない可能性がある。だから不要な本を捨てるのが、私にとっての本棚の有効な整理術ということになるだろう。

捨てる本と捨てない本の見分けは極めてシンプル。「ひょっとしたらもう１回読みたくなるかもしれない」と思う本は残しておいて、「この本は暇があっても二度と読まないだろうな」と思う本は捨ててしまう。

その点については本書で詳しく述べた通りである。仮に捨てた本の再読が必要になったとしても、アマゾンに注文すれば、その日のうちにとり寄せることだってできる。

せっかく買った本を捨てるのは経済的ではないと思うかもしれないが、本棚を確保するほうがコスト的には高い場合もある。

首都圏の賃貸マンションの賃料坪単価は平均月８８００円。本棚が２坪のスペースを占めるとしたら、月１万７６００円のコストがかかっている計算になる。そのうちの３分の１が、「この本は暇があっても二度と読まないだろうな」という本で占められているとしたら、毎月６０００円近くをそのために出費している計算。だとしたら、その分で新しい本を買ったほうがよほど生産的である。

Q 複数の本を同時並行的に読むメリットはありますか?

同時並行で読むメリットはあまりないと思うが、結果的に私は2、3冊の本を並行して読んでいる場合が多い。それは趣味で読んでいる本に、仕事上どうしても読まないといけない本が急に割り込んでくるからだ。

いくら読みかけの小説が佳境に入っているからといって、職務上急いで読まないといけない本が出てきたら、一時的に道を譲って読書を中断する他ない。

趣味の本と仕事の本を同時並行で読む場合には、趣味の本は各駅停車になり、仕事の本がノンストップの急行列車になる。各駅停車が急行電車の通過待ちをするように、急いで読まないといけない本にとりかかっている間は趣味の本の進行はストップさせる。

結果的に同時並行で本を読んでいるが、それでも私は飛ばし読みや斜め読みは絶対にしない。子どもの頃からとにかく読書が好きで楽しみながらゆっくり読みたいというタイプだったし、飛ばし読みや斜め読みではせっかくの読書が血肉にならないと信じているからである。私は読書歴も長いし、語彙も豊富だと思うが、その割には速読か遅読かと問われたら遅読だと思う。

私は速読を誇るようなメンタリティは持ち合わせていない。昔ビジネススクールに入る前に、人事部の指導で研修生５人が速読術を習わされたことがある。そのときから速読術とは極めて相性が悪い。

私は本を読むなら、じっくり読んで多くを学びとりたいというタイプの人間である。良質のスープやソースの出汁をとるのにたっぷり時間がかかるように、本から学びを得るにはそれなりの時間がかかるものだ。

世の中にはさまざまな速読術が喧伝されているが、ほぼ全部インチキだと思ってあきらめたほうがいい。細切れの時間を有効活用すれば、怪しげな速読術に惑わされなくても本はちゃんと読める。

複数の本を同時並行で読んだり、細切れ時間で読書をしたりするときは、前回読み終えたところから2ページほど戻って読み始めるといいだろう。１冊に集中して一気呵成に読み続ける場合と違い、前後の脈絡がわからなくなる恐れがあるからだ。

Q 欧米人を理解するのにどんな読書が必要ですか？

仕事で欧米人とやりとりする機会は今後もっと増えてくるだろうが、彼らを深く理解するためには英語が話せるだけでは話にならない。

欧米人を理解するためにはその背景にある文化について学んでおくべきなのだ。その根幹となっているのはキリスト教、ギリシア哲学、ローマ法の3つである。欧米人の全員がキリスト教徒ではないが、それでも欧米人の考え方を理解するには、キリスト教を抜きにしては考えられない。欧米社会の下地にはキリスト教があるからだ。

日本人の多くは通常、神社にもお寺にもお参りにいかないし、儒教なんて習ったことがないかもしれないが、日本文化の根底には仏教と儒教が深く染み込んでいる。それと同じである。

逆にいうなら、欧米人が日本を理解しようと思ったら、仏教と儒教を勉強する必要があるだろう。

キリスト教の基礎を学びたいなら、最低限『聖書』には目を通しておきたい。聖書は世界最大のベストセラーともいわれる。ベストセラーは読まない主義だが、さすがに私も聖書は読んでいる。なぜなら聖書はベストセラーである以前に、古典中の古典だからだ。

ご存知のように聖書には、『旧約聖書』と『新約聖書』がある。このうち旧約聖書はヘブライ語で書かれたユダヤ教とキリスト教の聖典であり、新約聖書はギリシャ語で書かれたキリスト教の聖典である。

欧米人と突っ込んだ話をするなら、旧約聖書にも新約聖書にも目を通し、解説書を合わせて読んで内容や背景を理解しておくことが求められる。

念のためにつけ加えると、キリスト教を作ったのはイエス・キリストその人ではない。イエス自身はユダヤ教徒であり、キリスト教を体系化する際に中心的な役割を果たしたのは、新約聖書の著者のひとりであり、イエスと同じくユダヤ民族でローマ市民だったパウロである。

私はリーダーには哲学が必要だといい続けているが、欧米の哲学の出発点になっているのはギリシア哲学である。ギリシア哲学について読書で学ぶことは、欧米のリーダーたちの思考に触れることにつながる。

ギリシア哲学は、人間理解のためのいわゆる哲学のみならず、物理学などの自然科学や数学などを包括したもの。ソクラテス、プラトン、アリストテレスといった偉大な哲人たちが記した古典とその解説書には、現代人が読んでも必ずなんらかの新鮮な発見があるはずだ。

日本のリーダーの哲学の礎になっているのは仏教である。これは、私が多くのリーダーたちと身近に接してきてつねに感じることだ。

普通は仏教を宗教と捉えているけれど、私は仏教が宗教になったのは、日本では鎌倉時代に親鸞が出てきてからだと思っている。それ以前の仏教は宗教というよりも哲学に近いものだった。

イエス・キリストがキリスト教徒ではなくユダヤ教徒だったように、お釈迦様は仏教徒ではなくバラモン教徒。バラモン教のクシャトリアの出身である。

クシャトリアはインドのカースト制度で4段階あるうちの一番上の階層であり、日本語に訳すと司祭、つまり祭りをつかさどる階級の出身。だから、あの方の信仰の土台になっているのはバラモン教ということになるが、そこで考えたことが独自の哲学となり、その後、仏教として体系化されたのである。

私が学生時代、京都大学でインド哲学を学んで作家か脚本家になりたいという夢を抱いていたのは、お釈迦様をはじめとするインド哲学を学ぶことは日本人の理解につながると思っていたからだ。

最後のローマ法は日本人には馴染みがない学問かもしれないが、これも欧米人の考え方のベースになっている。彼らは日本人と比べて遥かに法律的にものを考えるが、その根底にあるのがローマ法なのである。

ローマ法は２０００年の歴史があり、ドイツ、フランス、イタリア、スペインといった西ヨーロッパ諸国と日本をはじめとするアジアに広がっている大陸法（シビル・ロー）の基礎になっている。

大陸法とは簡単にいうなら、成文法の法体系を重視する体系であり、国家の判断をすべて法律によって行う「法治主義」をとる。それに対して過去の判例を通じて成立した法体系を重視するのが、イギリスやアメリカに広がっている英米法（コモン・ロー）である。英米法は国家権力を法律で拘束する「法の支配」の基礎原理となっているが、そこにローマ法の影響がまったくないわけではない。

賢明な読者はもう気づかれたと思う。私がロンドンの小学校で7歳のとき、なぜギリシャ語とラテン語を習わされたか。そう、それは欧米の考え方の根底を学ぶために必要な〝コトバ〟だったからである。

日本人は法律よりも他人の目を重んじる。他人が「自分をどう見ているか」ということが、それが合法か違法かという以前に圧倒的に自らの行動を律している。だからこそ「旅の恥はかき捨て」という言葉が出てくる。旅先には自分を知っている人がいないから、ヘンなことをしても平気なのだ。

しかし、一神教のキリスト教にはそういう考え方はない。自分を律するのは他人ではなく神であり、サハラ砂漠や太平洋のど真ん中を旅していても神様は見ているから「旅の恥はかき捨て」という発想が出てこない。

興味深いことに、欧米人の思考の根底にあるローマ法とキリスト教は厳密にいうと対立関係にあった。古代ローマ帝国は4世紀に公認して国教と宣言するまで、キリシタンを苛烈に弾圧した徳川幕府と同じくらい徹底的にキリスト教いじめをしたのだ。そのあたりの歴史も学んでおく必要があるだろう。

いずれもいきなり原典にあたると手強いから、まずは手頃な解説書から入るのがいいだろう。解説書をガイドとして、奥深い森のような世界に少しずつ足を踏み入れていくのだ。そうでないとガイドも地図もなしに森をさまようように、いずれ道に迷って途方にくれる羽目になる。

Q 読書ノートは書いたほうがいいのでしょうか？

読書ノートはぜひ書いたほうがいいと思う。私も若いときは一生懸命書いていたが、社会人になってからサボるようになり、それをいまでも深く後悔している。もしも生まれ変わったら、お金儲けをするよりもなによりも、生涯読書ノートを書き続ける人生を送りたいと思っているくらいである。

読書ノートにとくに決まりはない。日付、読んだ本のタイトルと著者名を書いたら、その本を読んで自分が感じたこと、心に残った言葉や表現を好きなように書いていけばいい。

２行で終わる本があってもいいし、10行くらい熱心に書く本があってもいいと思う。いずれにしても頭に留めるだけではなく、自分の言葉に置き換えてアウトプットすることが読書の深化につながる。それは時間をかけて教養となり、人間力を高める最大のトレーニングになるだろう。

読書ノートから少し離れるが、会議やインタビュー、ミーティングなどでノートやメモをとるというのはよい習慣である。ノートをとる技術は単純ではない。速記とは違うから、相手のいうことをひとつ残らず書くわけではなく、そこから要点を絞り込んでポイントだけを書き込んでいくのだ。

私が出会った経営者では故・中内㓛さんと伊藤雅俊さんがとにかくメモ魔だった。ダイエーの創業者である中内さんとは、中内さんが50歳のときに知り合った。中内さんは私のファンになってくれて、コンサルティングもやらせてもらった。

始めの頃は会うたびに、わら半紙を半分に折ったものを手元に用意して、私のいうことを次々と書いていく。1時間くらい話している間に20枚くらいのメモをとるのだ。

あれほど熱心にメモをとる人は後にも先にも中内さんだけだったが、その中内さんは60歳くらいからノートをまったくとらなくなった。それと前後してダイエーの迷走と凋落が始まるのである。私は秘かに中内さんがノートをとらなくなったことと、ダイエーの迷走にはなにか深い関わりがあると睨んでいる。

もうひとりのメモ魔は伊藤雅俊さん。奇しくも同じ流通業界で、イトーヨーカ堂の社長をされていた。伊藤さんは、中内さんと同じように私が話していることを猛スピードでメモにとるのだが、翌朝９時から10時の間に必ず電話をかけてきて「堀先生、昨日お話しされたポイントはこういうことだったと思いますが、これでよろしいですか？」と確認の連絡を入れてこられたのが印象的だった。

他人の話を受け身でただ聞くだけではなく、ノートにとって自分の言葉でアウトプットする習慣をつけておくと、読書ノートと同じように接した情報を自家薬籠中のものとして新たな気づきを生む効果が期待できる。

Q　これまで全然本を読んでいません。読書を続けるにはどうしたらいいですか？

大事なことは、読書を習慣にすることだ。私みたいに習慣になってしまえば、なにも考えなくても本を読むようになる。

「忙しいから本が読めない」という声をよく耳にするが、それは読書が習慣化していない証拠。そんないい訳をする人だって、忙しいという理由で歯磨きをサボることはないだろう。それは歯磨きが習慣になっているからだ。

歯磨きが習慣化されているのは、「歯を磨くと口の中がすっきりして気持ちいい」という体験を何回も繰り返しているうちに、「また気持ちよくなりたい」と無意識に思うからである。

同様に読書を習慣化する近道は面白い本にどんどん出合い、読書の醍醐味を繰り返し経験することに尽きる。

先日、ある20代の女性に「この本、面白いから読んでごらん」と本を渡したら大変感謝された。「先生からすすめられた本はすごく面白かった。長いこと本なんて1冊も読んでこなかった私ですが、すっかり引き込まれて感動しました」と感謝された。

「じゃあ、今度はこの本を読んでみたら?」と渡したら、またちゃんと読んでくれた。つまりこの女性は単に読書という習慣が身についていなかったから、本を読んでいないだけだったのである。

若者の活字離れが深刻だといわれているけれど、私のようにまわりの先輩たちが習慣化を助けるために面白い本を次から次へとすすめてあげれば、若者たちだってまた本を一生懸命読むようになると思う。

月に何冊読むかを始めに決めることも習慣化には有効である。数値目標ができると人はやる気になるものだ。本書では20代で年１００冊、30代以降では年50冊を最低ラインにしているが、それではハードルが高すぎると感じたら月２冊からでもいい。

２週間に１冊というペースなら、忙しくてもクリアできるだろう。そうやって面白い本に巡り合えたら、読書は大人になってからでも習慣化できる。

ソニーの社長・会長を務めた出井伸之さんはまったく違う方法で読書をしていた。出井さんは書店にいくと必ず３万円以上買うのだという。買ってきた本をデスクに積んでおくとつねに目に入り、「３万円も払って買ったのに読まないのは損。せっかくだからもとをとらなくては！」と読む気になり、結局は毎月大量の本を自動的に読むようになるというのだ。

これは半分ジョークかもしれないが、読書を習慣化するひとつの方法論ではある。毎月1万円、2万円と予算を先に決めて、書店でまとめ買いする。それを目につくところに並べておけば、目に見える具体的な目標設定ができるから、読書に対するモチベーションも上がるだろう。一度試してみてほしい。

Q 仕事やプライベートの悩みを本で解決したことがありますか？

この質問に対する答えは「解決」という言葉の定義によって変わってくる。読書だけでなにかの問題が全面的に解決した経験があるのかを問われているとしたら、それは正直いってないけれど、読書が間接的な解決に役立つことはある。読書という間接的な経験で実体験を客観化するのだ。

たとえば、失恋してクヨクヨしていたときに気晴らしに小説を読み、そこに素敵な女性が描かれていたら、「彼女とは結ばれなかったが、考えようによっては他の素敵な女性と恋に落ちる可能性が生まれたことになる。だからクヨクヨするのはやめておこう」と思えるかもしれない。

あるいは仕事でうまくいかないことがあったり、失敗したなと思ったりすることもあるだろうが、本を読んでいるともっと壮大な失敗をしたり、ついには破産や破滅を迎えたりするケースもたくさん出てくる。

日常的にそういう物語に接していると、すぐに気をとり戻して「あの人たちに比べたら自分の失敗なんか大した失敗ではない。失敗は成功の素というから、新しい成功の素をもらったと考えればいい」と前を向けるようになる。

私の個人的経験に則していうなら、具体的な解決策を本から教えてもらったというより、クヨクヨしそうなときに勇気づけてもらった経験が多い。

私が壁にぶつかると決まって開くのは、旧日本海軍のエースパイロットだった坂井三郎の『大空のサムライ』だ。この本は死線をくぐり抜ける話だから、それに比べると自分の失恋も仕事上での失敗も大した話じゃない。だから、クヨクヨしないで前を向こうと勇気づけられる。『大空のサムライ』についてはのちほど詳しく触れる。

Q 新聞を読むことの効用はありますか？

新聞を読むことにはかつては効用があったと思うが、インターネットの発達で新聞の立ち位置はずいぶんと変わってきた。私も新聞社で記者勤めをしていたから、こんなことはいいたくないが、新聞はもうとらなくてもいい、読まなくてもいい時代になってきたという気がする。

ニュースをいち早く伝える即時性では新聞はテレビに及ばないわけだが、テレビ以上に即時性が高いのがインターネット。事件や事故が起こったとき、現場にテレビ局のプロが映像を撮りにいく前に、居合わせた人が撮った映像が動画投稿サイトにアップされてリアルタイムに情報を伝えてくれる時代だ。

ネットには通信社や新聞社自身が配信しているニュースがつねに流れている。同じニュースに関しても各社の論調を比べながら読むことができるようになってきたから、紙の新聞を定期購読して読む意味は薄れてきた。

「社説はネットでは読めない」という主張もあるけれど、新聞の社説とＮＨＫの解説は昔から本当に意味のない、愚にもつかない無難なものと相場が決まっているから、社説のために新聞をとることはないと思う。

日本経済新聞やウォール・ストリート・ジャーナルのように専門性の高い新聞は、情報を全部ネットに流していない。しかし、そういう新聞でも有料会員になれば、ネットで有料会員向けの記事として読めてしまう。

結論めいたことをいうなら、大学生までは基礎教養をつけるという意味で新聞をとるのは悪くないと思うが、ビジネスパーソンはネット記事と有料会員向けに配信される記事で十分だと思う。

私自身はネットで記事を検索するのが面倒くさいから、日経新聞はまだとっている。それと以前コラムを連載していた縁でいまでも産経新聞とサンケイスポーツを惰性でとっている。

産経もサンスポもいつやめてもいいのだが、サンスポの政治・社会面は全国紙には絶対出てこないようなマイナーな記事が掲載されることがあり、私は毎朝結構面白く読んでいる。

Q おすすめの本があったら教えてください。

私はこれまで5000冊以上の本を読んできた。そのなかから、いまでも手元に置いて何度も読み返している本を6冊だけ紹介してみたい。

いずれも古典といわれるものばかりだが、気になったものがあったら、ぜひ読んでもらいたい。第一線で苦悩するビジネスパーソンなら、必ずなにか得るところがあるはずである。

『愛するということ』　エーリッヒ・フロム著

私の人生に影響を与えた著者として、真っ先に名前を挙げないといけないのは、エーリッヒ・フロム（１９００～80年）だ。彼はユダヤ系のアメリカ人で、哲学者であり、社会心理学者でもあった。

フロムの著作で最も有名なのは『自由からの逃走』だが、私のお気に入りは『愛するということ』。大学のときに読んで感動して、原著はドイツ語だが、私は最初に日本語版で読み、のちに英語版に親しみ、これまで10回以上読み返している。それくらいお気に入りの１冊である。

英語版のタイトルは『The Art of Loving』だから、まるでセックスの指南書のようだが、実際は人間にとって一番大事な愛について語っている。英語の「Art」にはいわゆるアート、芸術という意味以外に、技術やコツという意味がある。『愛するということ』の「Art」をフロムは技術という意味で使っているのだ。

フロムはこの本で愛するということは、先天的に備わっているものではないから、学ばないといけないといっている。そして愛は1行でいうと「見返りを求めないで無限大に相手に与えるものだ」と語っている。

私は愛犬家で13歳になる老犬を飼っているが、動物を飼う人でペットに見返りを求める人はいないだろう。これもまたフロム流にいえば、愛の純粋な形なのである。この本でフロムは愛の本質について語るだけではなく、人間とはなにか、社会のなかでどう生きるべきか、またどう生きねばならないかを述べている。やや難解な本ではあるが、現代人にも得られるところが多い内容である。

『実存主義とは何か?』

ジャン＝ポール・サルトル著

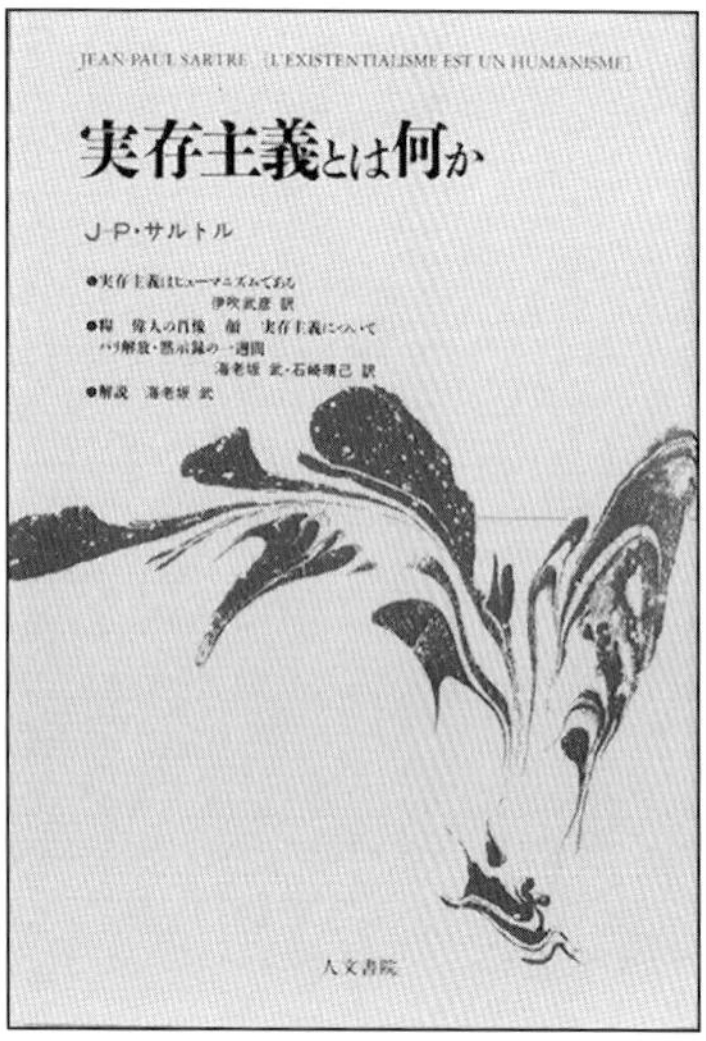

次に紹介するのも哲学者が書いた本である。著者のジャン＝ポール・サルトル（1905〜80年）は実存主義の哲学者。難解な著作が多いが、この本は比較的読みやすいだろう。
いまではすっかり忘れ去られてしまったが、私が青春をすごした時代には実存主義が若者の間でブームのよう

になっていた。

サルトルやその妻であるシモーヌ・ド・ボーヴォワールの著作を読んでいないのは流行遅れだという教養主義があり、私も自然にその著作に親しんだ。

サルトルの実存主義は「実存は本質に先立つ」という言葉に集約されるといっていいだろう。存在や本質の価値や意味はもともとあるものではなく、のちに作られるという一種の無神論である。

のちにボーヴォワールはこの思想を「人は女に生まれるのではない。女になるのだ」とわかりやすく表現している。

読書を通じてサルトルの実存主義は、私の血肉となっている。

社会人になってハーバードで経営を学んだときに「付加価値をつけよ」「差別化を図れ」と徹底的に教えられたが、サルトルから学んでいた私はこの考え方がすっと腑に落ちた。価値や意味は自然にわき上がるものではなく、自ら勝ちとるしかないと思っていたからである。

『種の起原』

チャールズ・ダーウィン著

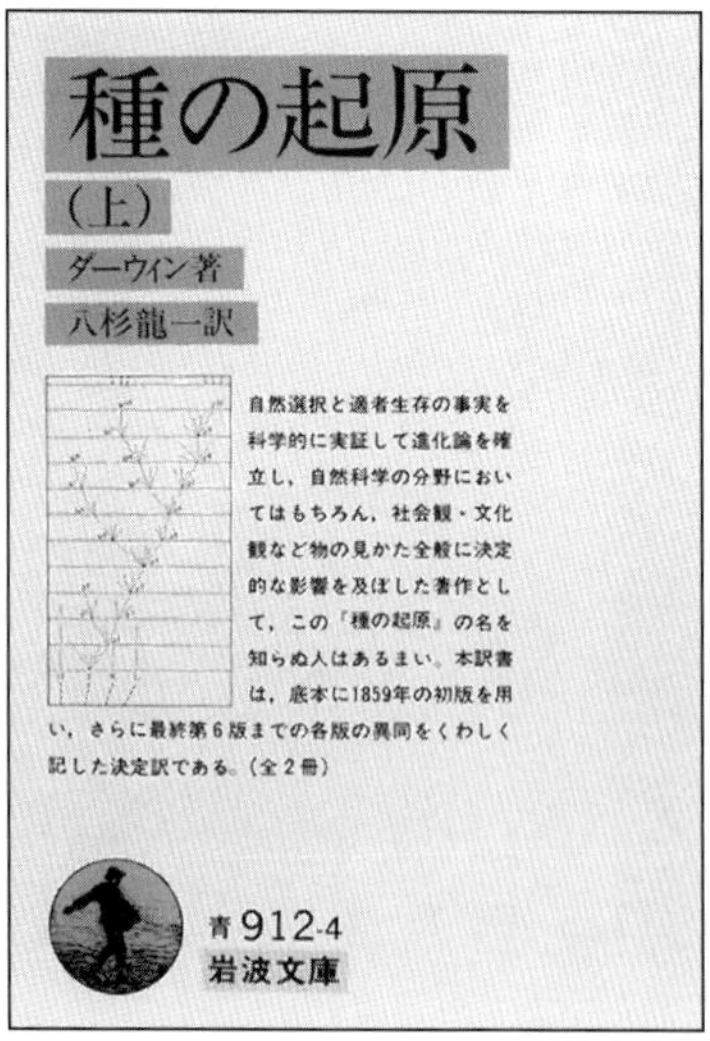

名前は誰でも知っているが、誰も最後まで読んだことがない本というのは案外あるものだ。進化論の古典として知られる『種の起原』もそんな1冊だろう。

岩波文庫で上下2分冊になっており、読み通すにはかなり胆力がいるが、苦労してでも読む価値は十分にある。

著者はチャールズ・ダーウィン（1809〜82年）。生物が下等なものから高等なものへ進化するという考えはかなり古くからあったが、ダーウィンはそこに自然淘汰というまったく新しい概念を導入した。彼はニュートンやアインシュタインと並ぶ、天才的な科学者である。

ダーウィンは、自然淘汰を生き残るのは、最も強いものでも、最も賢いものでもなく、環境の変化に適応できるものだと看破した。これは生物学の基本的な原則だが、このルールは企業経営にも当てはまる。

ビジネスをめぐる環境は刻々と変化している。過去の成功体験にしがみついて、変化の実態に目をつぶって適応を怠る企業は市場から追放されて淘汰される。進化論は自然の摂理であると同時に、あらゆる物事に応用できる真理だ。

個人においても、グローバル化やIT化といった変化を見極めて適応し続けることができない限り、厳しいビジネス環境を生き残ることはできない。ビジネス環境の変化が激しくなっている時代だからこそ、『種の起源』で展開されるダーウィンの考えから学ぶことは決して少なくないだろう。

ちなみにダーウィンの母方の祖父は、日本でもおなじみの陶磁器ブランド、ウェッジウッドの創業者である。

ここまで挙げたフロム、サルトル、ダーウィンの3人は、わが人生の師とも呼べる存在だと思っている。ここまでの3冊は海外の作品だったが、後半の3冊は日本人が書いた古典的な名作を紹介していこう。

『大空のサムライ』　坂井三郎著

坂井三郎（1916〜2000年）は、第二次世界大戦中の旧日本軍の海軍パイロット。撃墜王、エースパイロットとして知られる彼が、戦後に書いたこの本は世界的ベストセラーになっている。

この本を読むと、彼が撃墜王になれたのは不断の努力、現場での創意と工夫の賜物だという事実がよくわかる。旧日本海軍では、出撃を控えたパイロットに対して酒保（軍隊における飲食物の売店）が開放されて酒が飲み放題になる習慣があったそうだ。明日死ぬかもしれないから、冥土の土産に思い切り飲ませてやろうという意図なのだろう。

でも、坂井は出撃前に酒を一滴たりとも口にしなかった。旧日本軍はレーダー技術が遅れていたから、日本の戦闘機乗りにとって唯一頼りになるのは自分の眼だけ。坂井は飲酒でその大事な眼に曇りが生じてはいけないと考えたのだ。

さらに戦いがない日は飛行場の真ん中に寝転んで、ひたすら空を凝視し続けた。遠くの敵機をいかに早く見つけるかのトレーニングをしていたのである。その結果、昼間でも星が見えるようになったという。

戦場は生きるか死ぬかの真剣勝負の場所だが、ビジネスも命はとられないまでも、勝つか負けるかの真剣勝負の場であることに違いはない。坂井の話を読んでから私は「自分にも彼と同じだけの覚悟、努力ができているのか？」と問い掛けるようになり、自己研鑽のモチベーションを高めてくれた。

また坂井の回想によると、敵機を落とす基本は、相手の真後ろのやや上方、太陽を背にしたポジションをとることにあるという。ところが、未熟な戦闘機乗りだと、この絶好のポジションをモノにしてもなかなか敵機が落とせない。恐怖心からか、敵機との間合いが詰められないからだ。

その点、坂井は敵機が照準器からはみ出すくらいまで近づいて撃つから、撃墜率が高かった。この話を読んだとき、何事も目標に肉薄しないと成果は得られないと思い、以来胸に刻んでいる。

「軍人の書いたものなんて……」と無用なアレルギーを起こしたりせず、戦争を知らない若い世代にこそぜひ読んでもらいたい。この本がかつての敵国だったアメリカを含めて世界中でベストセラーになっているのは、単なる軍人の回想記ではなく、人生を生き抜くための本質的なヒントが詰まっているからである。

『失敗の本質』

戸部良一、野中郁次郎 他著

ノモンハン事件、ミッドウェー作戦、ガダルカナル島をめぐる攻防、インパール作戦など、第二次世界大戦前後の旧日本軍の典型的な失敗例の本質を6人の研究者がまとめたのがこの本である。

戦記でもビジネス書でも、当事者が書いた本は自分にとって都合のいい記述ばかりで客観性に乏しく、学ぶところも少ない。失敗にこそ、あとから続く人間たちにとって学ぶところが多い。その意味で、失敗を語りたがらない当事者に代わって突っ込んで分析をした本書は興味深い。

私は第二次世界大戦、日本における太平洋戦争は、日本が100回やっても1回も勝てなかったと思っている。ひょっとしたら戦闘（バトル）のレベルでは日本が勝つことはあるかもしれないが、戦争（ウォー）のレベルでは決して勝つことはないだろう。

経済力と物量の違い以前に、旧日本軍に蔓延していた学歴偏重主義に敗因がある。

本書の冒頭で述べたように学歴偏重主義くらい非合理的で非効率なものはないが、旧日本軍の負け戦の多くはこの学歴偏重主義に起因する。成績がよいばかりで、無能な指導者が多すぎたのである。このような指導者に命じられて戦場で命を落とした兵士はさぞ無念だったろうと思うといまでも胸が痛む。

そしてもうひとつの敗因は本書が語るように上層部が官僚的な硬直に陥ってしまい、過去の成功体験にしがみつくあまり、自己改革と合理的な戦略策定ができなかったという組織的な特性にあった。

本書は戦争を例にとりながら、日本人が組織で意思決定をしたり、行動を起こしたりするときに起こす失敗パターンを具体的に教えてくれる。

日本人のメンタリティは太平洋戦争時とそう変わってはいないから、ビジネスのフィールドでも本書の分析は驚くほど有益である。

『武士道』

新渡戸稲造著

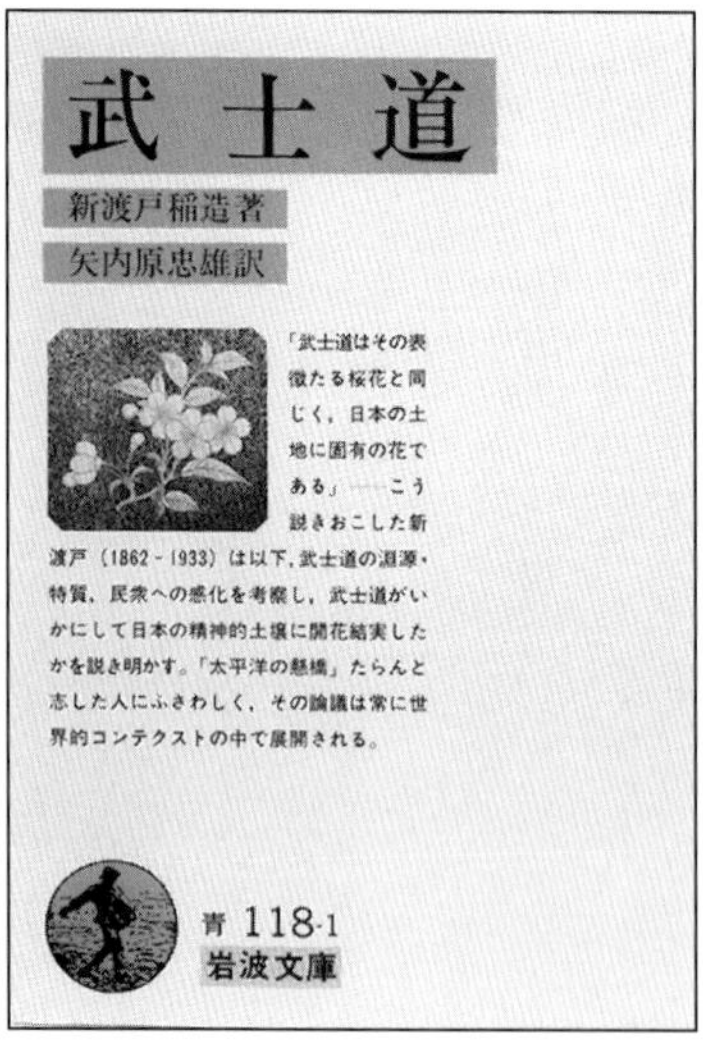

この本は日本でよりもむしろ欧米諸国で有名だ。サムライや武士道というと、いまや日本の代名詞のようになっているが、サムライの存在と武士道を世界に向けて初めてアピールしたのが新渡戸稲造（１８６２〜１９３３年）のこの本である。

新渡戸はキリスト教徒であり、アメリカやドイツで学んだ農業者でもある。病を得てアメリカ・カリフォルニア州で療養しているときに英語で一気に書き上げたのが、本書『武士道』だ。

この頃、アメリカをはじめとする欧米諸国では、日清戦争（１８９４〜95年）に勝利したアジアの新興国日本に対する興味がわき上がっていたものの、その多くは劣等で野蛮な民族に違いないという偏見に満ちていた。

そこへ登場した『武士道』は、サムライたちの規範であり哲学たる武士道を欧米人にとって親しみのある騎士道と対比しながら、彼らのベースにあるキリスト教的価値観に沿って、きわめて論理的かつ明快に解説した画期的な書物であった。

この本は当時アメリカの大統領だったセオドア・ルーズヴェルトにも感銘を与えて、ドイツ語やフランス語にも翻訳されている。新渡戸こそは、日本が初めて輩出したグローバル人材ともいえるだろう。そして、「日本という国は単なる後進国でも野蛮な国でもなさそうだ」という理解が欧米のインテリ層で進み、のちに日本が国際社会の仲間入りをするうえで大いに役立った。

社会がグローバル化するほど、自らのアイデンティティを忘れないようにすることが大切になる。欧米のビジネスパーソンと交流をするときに、日本人とはなにか、日本文化の本質とはなにかを尋ねられる機会は少なくない。

そこで口ごもってなにも答えられないようでは、グローバル社会では対話するに値しない人材ととられても仕方ない。相互理解の前提となるのは、なによりもまずは自分たちが何者であるかを他人に明快に説明する能力だからである。新渡戸は欧米人に向けて書いたのだが、いまや『武士道』は日本人が日本と日本人を理解するテキストになってくれる。

私が福澤諭吉を尊敬していることはすでに述べた通りだが、福澤や新渡戸に限らず、明治期の日本人たちは国家存亡の危機に際して獅子奮迅《ししふんじん》の働きを見せている。いまの日本も明治期に匹敵するような危機の只中にあるが、明治維新を成し遂げた志士たちのような覚悟を持った人物が果たしてどれだけ出てくるか。おおいに期待している。

著者略歴

堀 紘一（ほり・こういち）

ドリームインキュベータ代表取締役会長。1945年兵庫県生まれ。東京大学法学部卒業後、読売新聞経済部を経て、73年から三菱商事に勤務。ハーバード・ビジネス・スクールでMBA with High Distinction（Baker Scholar）を日本人として初めて取得後、ボストンコンサルティンググループで国内外の一流企業の経営戦略策定を支援する。89年より同社代表取締役社長。2000年6月ベンチャー企業の支援・コンサルティングを行うドリームインキュベータ設立、代表取締役社長に就任。05年9月東証1部上場。06年6月より現職。

【大活字版】

自分《じぶん》を変《か》える読書術《どくしょじゅつ》

学歴《がくれき》は学《がく》〈習《しゅう》〉歴《れき》で超《こ》えられる

2019年5月15日 初版第1刷発行

著　者　堀《ほり》 紘一《こういち》

発行者　小川 淳

発行所　SBクリエイティブ株式会社
〒106-0032　東京都港区六本木2-4-5
電話：03-5549-1201（営業部）

装　幀　長坂勇司（nagasaka design）

組　版　一企画

編集協力　井上健二

印刷・製本　大日本印刷株式会社

落丁本、乱丁本は小社営業部にてお取り替えいたします。定価はカバーに記載されております。本書の内容に関するご質問等は、小社学芸書籍編集部まで必ず書面にてご連絡いただきますようお願いいたします。

本書は以下の書籍の同一内容、大活字版です
SB新書「自分を変える読書術」

ISBN 978-4-8156-0209-3

SB新書

224
アラフォーからのロードバイク
野澤伸吾

多くの市民サイクリストの練習会を率いる〝カリスマ自転車屋〟が、基礎の基礎からベテランでも目から鱗のノウハウまで、ロードバイクの醍醐味と極意を伝授。

302
「弱虫」でも強くなる！ ひとつ上のロードバイク〈プロ技〉メソッド
山崎敏正

美術を愛する芸術家肌の少年がロードバイクと出会い、自転車競技の五輪代表へ。ロードバイク専門店の名物店長が、何歳からでもみるみる強くなる方法を初公開。

108
一流の思考法
森本貴義

シアトル・マリナーズや、WBC日本代表のトレーナーを務める著者が、実際に行っているトレーニング・慣習の中からパフォーマンス発揮メソッドを解説する。

138
一流の習慣術
奥村幸治

トッププロの考え方や意識の持ち方、心技体のバランスの持ちようなど、著者だからこそ知るイチローとマー君の習慣術は、ビジネスに、勉強に、日常生活に確実に活きる。

258
超一流の勝負力
奥村幸治

田中将大投手、イチロー選手、星野仙一監督、世界少年野球大会で3連覇した少年たち。超一流は、いかにして桁外れの結果を出すのか。その本質がこの1冊でわかる。

160
一流の集中力
豊田一成

数々のアスリートたちの精神面を鍛え上げたメンタルトレーニングのカリスマが、本番で実力を発揮して、必ず結果を残すための集中力の高め方を伝授する。

SB新書

186 一流の指導力 立花龍司
日本のプロ野球のみならず、日本人初のメジャーリーグのコーチとして活躍した著者が、やる気を高めて潜在力を最大限に引き出すメソッドを説く。

295 一流の逆境力 遠藤友則
日本人でありながら、16年にわたり「ACミラン」のメディカル・トレーナーとして黄金期を支えた著者がはじめて明かす「壁を乗り越える法」。

309 体を壊す食品「ゼロ」表示の罠 永田孝行
食品表示へのリテラシーが高まるなか、意外と見落としがちな「ゼロ」表示や「非」表示の裏側や実態を知り、家族の健康にいかしていく。食品表示法対応。

303 人と比べない生き方 和田秀樹
嫉妬や羨望、不安などに苛まれる現代人が、比べることをいかに成長や発達への力の源としていくかを、アドラーやコフートの理論にもふれつつ探っていく。

312 「ギャンブル依存症」からの脱出 河本泰信
自らの実体験を下敷きに確立した〝欲望充足メソッド〟で、8割の患者をギャンブル依存症から立ち直らせてきた著者が、依存症の壮絶な実態と、その画期的な解決法を説く。

324 プロ野球 見えないファインプレー論 仁志敏久
一見すると普通そうなプレーが、ときに勝敗をも大きく左右する。野手・打者・走者・投手など各位置からのプレーの妙を論じることで、プロのプレーの奥深さを知る。